「特別の教科 道徳」の評価
通知表所見の書き方&文例集

小学校 中学年

道徳評価研究会 代表　**尾高 正浩** 編著

日本標準

はじめに

　道徳の時間が「特別の教科　道徳」（以下，道徳科）になることで，何が変わるのでしょうか。現場の先生方にとっていちばん関心があるのは，「評価をどうするか」だと思います。

　本書は，文部科学省が設置した「道徳教育に係る評価等の在り方に関する専門家会議」（以下，専門家会議）による「『特別の教科　道徳』の指導方法・評価等について（報告）」（以下，報告書）と「小学校学習指導要領解説　特別の教科　道徳編」（以下，解説）を踏まえて，道徳科の評価として通知表の所見をどのように書けばよいのかを豊富な文例で具体的に示したものです。

　本書の特長は，以下の通りです。

①子どもを見取るポイントになる４つの視点を踏まえた所見の書き方がわかること。

②子どもの「よさ」や「育った姿」別に文例をキーワードで整理することで，子どものよさや成長に合った文例が見つけやすいこと。

③一人一人の子どもの成長に合わせて，◎（とても成長した子どもへの所見），○（成長した子どもへの所見），☆（成長しようと頑張っている子どもへの所見）の３パターンの文例があること。

　なお，報告書や解説では，評価は「個々の内容項目ごとではなく，大くくりなまとまりを踏まえた評価とする」と書かれていますが，本書では，現場の先生方の使いやすさを考慮して，内容項目別に文例をまとめています。子どもたちのよさや成長に合わせて，それぞれの文例を組み合わせたり，文章をアレンジしたりしてみてください。

　本書の文例を参考にして，子どもたちが自信をもち，自分を好きになれるとともに，保護者に確かな見通しを与えられるような所見が生み出されることを期待します。

　　2018年　2月

　　　　　　　　　　　　　　　　　　　　　道徳評価研究会

　　　　　　　　　　　　　　　　　　　　　代表　尾高　正浩

目次

はじめに … 3

第1章　新しい道徳科の評価

◆ **どうするの？ 道徳科の評価** … 8
1　道徳科の目標と評価のポイント … 9
2　道徳科と学校教育全体を通じて行う道徳教育の関係 … 10
　column 1　道徳科を中心としたプログラムをつくろう！ … 10
3　道徳科の評価の工夫と配慮 … 11
4　評価のための資料の生かし方 … 13
　column 2　子どもの自己評価を評価に生かそう！ … 15
5　略案から見る評価のポイント … 16
　column 3　指導方法によって評価は違うの？ … 16
◆ **所見を書く前に知っておきたい中学年の特徴** … 18

第2章　所見の書き方

1　所見を書くポイント … 22
2　所見の要素と組み立て … 24
3　所見の書き方の留意点 … 26
　column 4　子どものやる気アップにつながる見方のヒント … 26
◆ **ここが知りたい！ 道徳科の評価 Q＆A** … 28

第3章　中学年の所見＊文例集＊

A　主として自分自身に関すること

善悪の判断，自律，自由と責任 … 34

正直，誠実 … 36

節度，節制 … 38

個性の伸長 … 40

希望と勇気，努力と強い意志 … 42

B　主として人との関わりに関すること

親切，思いやり … 44

感謝 … 46

礼儀 … 48

友情，信頼 … 50

相互理解，寛容 … 52

C　主として集団や社会との関わりに関すること

規則の尊重 … 54

公正，公平，社会正義 … 56

勤労，公共の精神 … 58

家族愛，家庭生活の充実 … 60

よりよい学校生活，集団生活の充実 … 62

伝統と文化の尊重，国や郷土を愛する態度 … 64

国際理解，国際親善 … 66

D　主として生命や自然，崇高なものとの関わりに関すること

生命の尊さ … 68

自然愛護 … 70

感動，畏敬の念 … 72

総合所見

総合所見 … 74

資料 小学校学習指導要領解説　特別の教科　道徳編
第5章　道徳の評価 … 78

第1章
新しい道徳科の評価

道徳科の評価について
どう考えればよいのでしょうか。
評価のおさえどころは？
子どもの見取り方は？
本章でポイントを示します。

◆どうするの？ 道徳科の評価

第1章　新しい道徳科の評価

道徳科の目標と評価のポイント

　道徳科の目標は、「道徳教育の目標に基づき、よりよく生きるための基盤となる道徳性を養うため、道徳的諸価値についての理解を基に、自己を見つめ、物事を多面的・多角的に考え、自己の生き方についての考えを深める学習を通して、道徳的な判断力、心情、実践意欲と態度を育てる」（解説p.16）です。この目標から、道徳科で求められる学習の方向性や、評価の際の子どもたちの見取りのポイントが見えてきます。

> **子どもたちの学習状況と道徳性に係る成長の様子を見取るポイント**
> ❶道徳的諸価値について理解したか。
> ❷自己を見つめられたか。
> ❸物事を多面的・多角的に考えられたか。
> ❹自己の生き方についての考えを深められたか。

　道徳科における評価は、子ども一人一人のよさを認め、道徳性に係る成長を促すために行います。子どもの側から見れば、「自らの成長を実感し意欲の向上につなげていくもの」であり、教師の側から見れば、「指導の目標や計画、指導方法の改善・充実に取り組むための資料」となります。報告書や解説では、道徳科の評価の在り方について次のように基本的な考え方がまとめられています。

> **道徳科の評価の在り方**
> ●道徳科の学習活動における児童の具体的な取り組み状況を、一定のまとまりの中で、学習活動全体を通して見取る。
> ●個々の内容項目ごとではなく、大くくりなまとまりを踏まえた評価とする。
> ●他の児童との比較による評価ではなく、児童がいかに成長したかを積極的に受け止めて認め、励ます個人内評価として記述式で行う。
> ●学習活動において、一面的な見方から多面的・多角的な見方へと発展しているか、道徳的価値の理解を自分自身との関わりの中で深めているかといった点を重視する。
> 　　　　　　　　　　　　　　　（解説p.108より著者が一部要約）

　他者との比較や集団での位置を評価するのではなく、「個人内評価」として子どもたちが「自分はこんないいところがある」と自己肯定感を高めていけるような評価をすることが求められているのです。

② 道徳科と学校教育全体を通じて行う道徳教育の関係

　一方，学校教育全体で行う道徳教育で培われる道徳性の評価とは，道徳科も含めて学んだことが日頃の言動になっているかということです。通知表では「行動の記録」や「総合所見」で評価を行います。道徳科の授業だけではなかなか変容しない子どもたちの心の動きをしっかり見取り，認め，励まし，実践につなげていくことが大切ですね。

　解説には，「学校の教育活動全体を通じて行う道徳教育における評価については，教師が児童一人一人の人間的な成長を見守り，児童自身の自己のよりよい生き方を求めていく努力を評価し，それを勇気付ける働きをもつようにすることが求められる。そして，それは教師と児童の温かな人格的な触れ合いに基づいて，共感的に理解されるべきものである」（解説p.105）と書かれています。

　道徳科と学校教育全体で行われる道徳教育は車の両輪といわれています。それは評価においても同様です。道徳科で学んだことを，学校教育全体で行う道徳教育の場で生かす。逆に道徳教育で学んだことを，道徳科の授業に生かす。双方が関連付けられてこそ，子どもたちの心は変容するのです。「継続的に把握する」「指導に生かす」というのがキーワードです。子どもたちの心はどんどん変わっていきます。だから長いスパンで子どもたちをていねいに見取ることが必要なのです。そして，その心の変化に気付かせ，心の成長を自覚させる評価が望ましいのです。

column 1　道徳科を中心としたプログラムをつくろう！

　道徳科の授業だけで子どもたちの心の変容を求めるには難しいものがあります。道徳科の授業中はよい発言をしたのに，授業が終わった休み時間に真逆の行動をしているのを見て落胆している教師の話をよく聞きますが，それも仕方のないことなのです。子どもの心はそんなに早くは変わりません。

　そこで大切なのが，学年・学級で重点としている内容項目の道徳科の授業を選んで，その授業を中心としてほかの教育活動と関連させたプログラムをつくることです。プログラム全体を通して，子どもたちの心を育てるのです。そうすることで，道徳科の授業だけでなく，繰り返しいろいろな視点から子どもたちに考えさせたり，指導したりできるので，心の変容もしやすくなります。道徳科の授業で学んだことが生かせる場を設けることで，学びを実践でき，それを認め，励ますことができます。子どもたちは認められ，励まされることで「次もやってみよう」と思い，習慣化につながるのです。ぜひ，プログラムの中に自己評価，相互評価ができる場をつくってください。

第1章 新しい道徳科の評価

3 道徳科の評価の工夫と配慮

　道徳科の評価をする際の工夫について，専門家会議の報告書・別紙２では下のように例示されています。

道徳科の評価の工夫に関する例（本専門家会議における意見より）
- 児童生徒の学習の過程や成果などの記録を計画的にファイル等に集積して学習状況を把握すること。
- 記録したファイル等を活用して，児童生徒や保護者等に対し，その成長の過程や到達点，今後の課題等を記して伝えること。
- 授業時間に発話される記録や記述などを，児童生徒が道徳性を発達させていく過程での児童生徒自身のエピソード（挿話）として集積し，評価に活用すること。
- 作文やレポート，スピーチやプレゼンテーション，協働での問題解決といった実演の過程を通じて学習状況や成長の様子を把握すること。
- １回１回の授業の中で全ての児童生徒について評価を意識してよい変容を見取ろうとすることは困難であるため，年間35単位時間の授業という長い期間の中でそれぞれの児童生徒の変容を見取ることを心掛けるようにすること。
- 児童生徒が１年間書きためた感想文等を見ることを通して，考えの深まりや他人の意見を取り込むことなどにより，内面が変わってきていることを見取ること。
- 教員同士で互いに授業を交換して見合うなど，チームとして取り組むことにより，児童生徒の理解が深まり，変容を確実につかむことができるようになること。
- 評価の質を高めるために，評価の視点や方法，評価のために集める資料などについてあらかじめ学年内，学校内で共通認識をもっておくこと。

　更に，「発言が多くない児童や考えたことを文章に記述することが苦手な児童が，教師や他の児童の話に聞き入ったり，考えを深めようとしたりしている姿に着目するなど，発言や記述ではない形で表出する児童

の姿に着目するということも重要である」（解説p.109）ことや，児童が行う自己評価や相互評価を活用すること，更には，評価が個々の教師のみに任されるのではなく，学校として，組織的・計画的に行うことが重要，と示されています。

　また，報告書や解説では発達障害などのある児童生徒への必要な配慮についても示し，発達障害などのある子を指導したり評価したりする際には，それぞれの子どもたちの学習の過程で考えられる困難さの状態をしっかり把握したうえで必要な配慮をすることを求めています。

　報告書では，「学習障害（LD）等」「注意欠陥多動性障害（ADHD）等」「自閉症等」の３つが取り上げられていますが，例えば，学習上の困難で「聞く・話す」はできても，「読む・書く」が苦手なことが多い子については，その困難さを十分把握したうえで，言語コミュニケーションの方法を文字言語のみに限定しないで，口頭で伝えることも可能としたり，また，他者との社会的関係の形成に困難がある子については，他者の心情を理解するために役割を交代して動作化，劇化したり，ルールを明文化したりするなど，学習過程において想定される子どもたちそれぞれの困難さに対する指導上の工夫が必要となります。

　評価に当たっては，それぞれの困難さの状況ごとに配慮して指導を行った結果として，その子の考えが多面的・多角的な見方へ発展したり，道徳的価値を自分のこととして捉えていたりといった学習状況や道徳性に係る成長の様子をていねいに見取ることが大切です。

　同じ考え方は海外から帰国した子や外国人の子などに対しても同様です。生活習慣の違いがあったり日本語での表現が困難だったりする子に対して，十分に配慮した対応をしていきましょう。

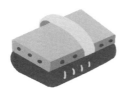

4 評価のための資料の生かし方

　子どもたちを評価するには，その手掛かりとなる資料が必要となります。資料となるのは，子どもたちが使う道徳ノート，ワークシート，質問紙による自己評価，教師の授業の記録や見取りなどがあります。ここでは，評価に慣れていない教師でも取り組みやすいものとして3つの資料を取り上げ，子どもの見取り方とあわせて紹介します。

❶ 道徳ノート

　国語の授業でノートを使うように，道徳科でも専用のノートが求められるのは当然の流れです。道徳ノートの評価への生かし方としては，主発問や子ども自身の振り返り，終末の場面で活用し，その日の授業のねらいを踏まえて，「今までの自分はどうだったか」「今日の学習で学んだことは何か」「これからの自分に生かすことは何か」などを書かせることをおすすめします。更に，事前に「ねらいに関わる経験の有無」などを書かせてくるのもよいし，関連する教育活動を想起させ，導入や振り返りに生かすことも考えられます。授業のあと，「学びを生かせたこと」を記録することも評価につながります。使用した教材を道徳ノートに貼るなど工夫すれば，ポートフォリオとして，心の変容を自覚できるノートになるでしょう。

❷ ワークシート

　ワークシートも評価によく使われます。書く場面として主発問に次いで多いのが，終末で学習を振り返る場面です。ねらいと関わってどのようなことに気付き，考えたかが分かる内容が多いのですが，特に終末の場合は，自分を振り返って書くので，評価に生かすことができます。ワークシートで子どもの心の変容を見取り，一人一人に対して言葉掛けできるようにしたいですね。

　ワークシートは，ファイリングして，あとで子どもたち自身がもう一度見ることで，自分の感じ方や考え方の変化に気付くことができます。子ども同士で交換して読み合う活動を取り入れれば相互評価にも役立ち，更に個人面談の際に保護者に見せたり，家に持って帰らせて保護者からコメントをもらったりすることで子どもの心の成長を共有できる利点もあります。

　ワークシートは，子どもたちが見たときに，これなら自分の考えを書きた

いと思えるシート，一目で何を書けばよいのか分かるシートでなければなりません。挿し絵を何にするか，吹き出しの大きさをどうするか，罫線は入れるのかなど，子どもたちの実態に合わせたいものです。書くだけで時間がかかるので，授業の中で書かせる場面は，2回，多くとも3回くらいがよいでしょう。

❸ 質問紙

　教師が用意した質問に答えさせることで評価に活用する方法です。一般的には，授業の終末に，自己評価として用いる場合が多いです。「真剣に考えられたか」「友達の考えを聞いて考えが変わったか」「自分の振り返りはできたか」など評価項目を工夫するとよいでしょう。また，自由記述の場合は，「授業を通して何を新しく学びましたか」や「授業後に道徳科で学んだことを生かせましたか」などと問うとよいですね。

❹ 教師による子どもの見取り

　子どものよさを見逃さないためには，教師がしっかり見取ることが大切です。座席名簿をもって，机間巡視の際にワークシートや道徳ノートに書いている姿やその内容を記録したり，グループで話し合っている姿や発言内容を記録したりしましょう。

　また，一部の子どもだけでなく，全員に発言の機会を与えることも大切です。それにはグループ学習が有効です。グループ学習では1時間の授業の中で全てのグループを見るのは無理なので，授業ごとにいくつかグループを決めて見るとよいでしょう。

　子どもが自分自身との関わりについて考えているかは，「自らの生活や考えを見直しているか」や「道徳的価値を実現することの難しさを自分事として捉えているか」などから見取ります。多面的・多角的な見方ができているかは，「道徳的な問題に対する判断の根拠やそのときの心情を様々な視点から捉えようとしているか」や，「自分と違う立場・意見を理解しようとしているか」から見取ります。

　あまり発言しない子や文章を書くのが苦手な子に対しては，教師や友達の話に聞き入り，考えを深めようとしているなど，別な形で表出する子どもの姿に着目することが求められています。

第1章 新しい道徳科の評価

column 2　子どもの自己評価を評価に生かそう！

　評価は，子どもたちを認め励まし，自分の成長を実感させ，意欲の向上につながるものであることが求められています。

　そのためには，所見を読んだ子どもたちが納得できる評価にしなければいけません。そのために有効なのが，子どもたちの自己評価です。具体的には，子どもたちによる「道徳科の学習についての振り返り」です。例えば，前期で18時間道徳科の授業を実施したとしたら，18時間分の資料とワークシートをファイルに入れておいて，18時間全部を振り返らせるわけです。「前期は18時間道徳の学習をしましたが，どのような心が育ちましたか，ファイルを見て自分がどの教材で心が育ったのか，振り返ってみましょう」と言って自己評価をさせます（自己評価したものをグループで聴き合い，友達から認めてもらうことも，子どもの自信につながります）。

子どもが納得できる評価にしましょう！

　この自己評価と教師が見取った評価をすり合わせます。一方的に教師が評価するのではなく，子どもの自己評価を参考にして評価することが，子どもを伸ばす評価につながるのです。

5 略案から見る評価のポイント

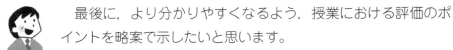

　最後に，より分かりやすくなるよう，授業における評価のポイントを略案で示したいと思います。

　基本的に，授業では，学習活動に対して，教師が考えた手立てにどう反応したかを評価します。教師がこの時間を通して，一人一人の子どもたちにどう変わってほしいのかによって，見取る場所は違います。１時間の授業の中でクラス全員を評価するのは難しいことです。そこで，「今日の授業では，この場面で，この子を中心に見取る」と考えておけばよいでしょう。

　例えば，「導入で問題意識が高まったか」は，教師の発問に対して，発言の内容や聞いている態度で見取るし，「展開で考えを深めているかどうか」は，発言やワークシートに書かれた内容や，グループで話し合っているときの様子などで見取ります。更に「終末で学習したことを理解できたか」は，ワークシートや発言内容から見取ります。視点としては，「今までの自分を振り返ることができたか」「この学習で何を学んだのか」「これからの自分はどうするのか」「多面的・多角的に考えられたか」です。

　報告書では，道徳科の学習における多様な指導方法（「読み物教材の登場人物への自我関与が中心の学習」「問題解決的な学習」「道徳的行為に関する体験的な学習」など）が例示されていますが，この３つは独立しているのではなく，それぞれ関わっています。つまり，自我関与しない道徳の時間はないということです。ここでは，いちばん基本となる「読み物教材の登場人物への自我関与が中心の学習」の授業を例として，次のページで子どもの見取り方と評価のポイントを示します。

column 3　指導方法によって評価は違うの？

　「読み物教材の登場人物への自我関与が中心の学習」「問題解決的な学習」「道徳的行為に関する体験的な学習」という多様な指導方法が例示されていますが，評価の方法については基本的には変わりません。

　ただ，読み物教材では主人公の判断や心情を考えることで，問題解決的な学習では問題場面についての言動を考えさせることで，役割演技などの体験的な学習では実際の問題場面を実感を伴って理解することで，道徳的価値の理解を深めていきます。その違いを評価に生かすことは大切ですね。それぞれ，読み物教材では「主人公の気持ちに寄り添い，○○の気持ちをもつことができたか」という視点で，問題解決的な学習では「問題を解決するよりよい手立てについて考えることができたか」という視点で，体験的な学習では「役割演技を通して，改めて○○の大切さに気付くことができたか」という視点で評価することになります。

第1章　新しい道徳科の評価

【読み物教材の登場人物への自我関与が中心の学習】

(1)**主題名**　友達のことを考えて　［B　友情，信頼］

(2)**教材名**　絵はがきと切手

(3)**ねらい**　友達と互いに理解し合い，友情を深めていこうとする気持ちをもつ。

(4)**展開と評価のポイント**

		学習活動	ねらいにせまる手立て	児童の反応
ポイント! 発言・挙手・うなずき 教材への関心をもち，意欲的に発表している。	導入	1　普通サイズのはがきと定形外はがきの実物を見て「料金不足」について確認し，問題場面を捉える。	○実際のはがき数枚の中に定形外のはがきを1枚まぜておき，効果的に提示したあとで本時の教材名を板書する。	○料金はどちらも同じなのかな。 **ポイント!** 発言・挙手・うなずき 絵はがきを受け取ったひろ子の気持ちを想像している。
ポイント! ワークシート ひろ子や正子の気持ちを想像し，友達としてどのような行動をすべきか考えている。	展開	2　教材を読んで話し合う。 ○絵はがきを受け取ったひろ子はどんな気持ちになったのでしょう。 ◎兄と母の意見を聞き，あなただったらどうしますか。 ・ワークシートに記入する。	○正子の手紙の文面を掲示し，書き手側の思いを十分に共感できるようにする。 ○自分だったらどうするのか，理由も一緒に書けるワークシートを準備する。 ○自分が考えた行動をしたあと，どのような気持ちになるのか話し合い，自分の考えについて再度見直すようにする。	○きれいな絵はがきでうれしい。 ○わざわざ送ってくれてうれしい。 ○傷つけてしまうかも。 ○いやな思いをさせるかも。 ○友達だから分かってくれる。 ○正子さんが困らないように。 **ポイント!** ワークシート・発言・挙手 友達と互いに理解し合い，友情を深めていこうとすることが大切であることに気付いている。
ポイント! ワークシート・発言・挙手 授業で学んだことをもとに，自分がどのように友達と関わるか考えている。	終末	3　自分の友達について考える。 ○「本当の友達」とはどんな友達でしょうか。 ○自分はそのような友達になっていますか。	○本時の学習を振り返りながら友達について考えるように助言する。 ○普段，友達とどのように関わっているのか問いかけ，自分自身について見つめられるようにする。	○本気で相手のことを考える。 ○お互いに信じ合える。 ○これからもっと相手のためを思って行動したい。 ○友達のことを信じていきたい。

17

◆所見を書く前に知っておきたい中学年の特徴

中学年の子どもたちにはどんな特徴があるのでしょう。発達段階を知ることで，子どものよさや頑張りが見えてきます。

- ●知識欲と行動欲が旺盛に。
  - ▶多様な学習活動を取り入れましょう。

- ●何にでも触ってみたい，見てみたい「知りたがり屋」「やりたがり屋」。
  - ▶体験活動を取り入れましょう。

- ●よい行動であれ悪い行動であれ，集団でワッと行動する。
  - ▶行動後の振り返りが大事！

- ●行動範囲が広がり，自転車に乗って遠くまで行く。
  - ▶一人一人の行動範囲を把握しましょう。

- ●落ち着きがなく，行動性に富んでいる。
  - ▶積極性を評価しましょう。

- ●いたずらやいじめも集団で行う。
  - ▶よいことと悪いことの区別を考えさせましょう。

第1章 新しい道徳科の評価

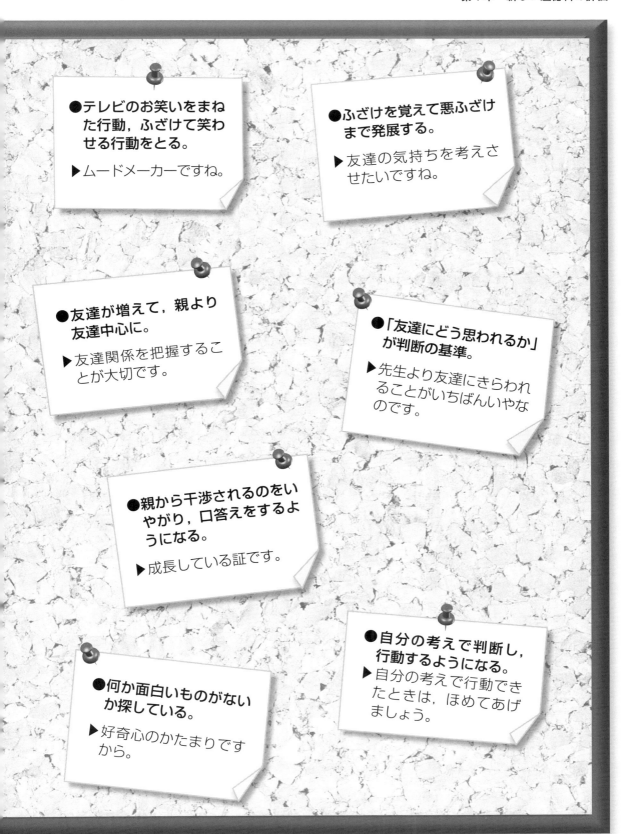

第2章
所見の書き方

本章では，所見の書き方について解説します。
どんな視点で書けばよいのか？
子どもを励ます表現とは？
現場教師の視点でポイントを示します。

1 所見を書くポイント

いよいよ所見の書き方の説明に入ります。ポイントがいくつかあるので、しっかりおさえていきましょう。

ポイント①　認め，励まし，意欲を高める内容を

　所見は，教師から子どもたちへのプレゼントです。子どものよさを認め，励まし，更に読んだ子どもが「こういうところを伸ばしたい」「こんな心で行動したい」「ここを改善したい」などと意欲を高められるものにするのが大前提です。教科学習が苦手な子どもや自分のよさがなかなか見つけられない子どもにとって，道徳科はその子のよさを見つけられる時間になります。ていねいに一人一人を見取り，子どもたちが「ぼくにもこんなよさがあったんだ」「わたしってちょっといいかも」と自信をもてるような所見，自分を好きになる子が増えるような所見が書けるといいですね。間違っても子どもを否定するような内容ではいけません。

ポイント②　保護者と子どもが納得する内容を

　所見は，もらった子どもたち，読んだ保護者が納得するものでなければなりません。子どもたちが「ここを頑張って取り組んだ」「ここを見てほしい。認めてほしい」というところをしっかりおさえることが大切です。「せっかく頑張っているのに，先生は気付いてくれなかった」「違う点を書いていた」と思われるのでは，子どもの意欲は高まらないし納得もしないでしょう。保護者に対しては，保護者が気付いていない子どものよさを書けるとよいですね。そうすることで「先生はうちの子のことをよく見てくれている」と安心感をもたれます。学校と家庭で同じ方向で子どもたちの心を育てていけるような所見が望ましいです。

ポイント③　ねらいに関わって，子どものよい点や進歩の状況を

　道徳科の充実には，目標を踏まえ，指導のねらいや内容に照らして子どものよさを伸ばし，道徳性に係る成長を促すための評価が大切です。道徳性を養うために行う道徳科の目標として次の❶～❹の視点がまとめられています（本書p.9を参照）。評価にあたっても，この４つの視点で子どもたちの成長を見取るとよいでしょう。

第2章　所見の書き方

視点❶　道徳的諸価値について理解したか

　道徳性を養うには，道徳的価値について理解することが大切です。またその価値理解と同時に人間理解や他者理解を深めていくようにします。

> **❶の所見例**
> ●相手の気持ちを考えて親切にすることの大切さに気付き，親切な行為を進んで行おうとする意欲をもつことができました。
> ●様々な人たちのおかげで自分たちの生活が支えられていたことを理解し，感謝の気持ちをもつことができました。

視点❷　自己を見つめられたか

　ねらいに関わって，自分をしっかり見つめることが大切です。自分がどこまでできていて，どこがまだできていないのか，自覚させることが必要です。

> **❷の所見例**
> ●誰に対しても気持ちのよい挨拶ができていたか，今までの自分をしっかり振り返ることができました。
> ●今までを振り返り，身近な人を思いやる気持ちの大切さを実感できました。

視点❸　物事を多面的・多角的に考えられたか

　物事を多面的・多角的に考えるとは，道徳教育の目標にある「主体的な判断の下に行動」するための基本です。日常生活で起こる様々な場面で，どのように行動したり対応したりすればよいのか考えるとともに，どうしてそのことが必要なのか，どうすればできるのかを道徳的価値と関わらせて捉えることが大切です。そして，その視点が自分を見つめ，自己の生き方を考えさせることにつながっていくのです。

> **❸の所見例**
> ●グループ学習で友達の考えを聞くことで，自分とは違う考え方に共感し，思いやりについて新しい視点があることに気付くことができました。
> ●友達と話し合うことで，今までの考えを改め，相手の立場を考えることの大切さに気付くことができました。

視点❹　自己の生き方についての考えを深められたか

　ねらいに関わって，これからの生き方としてどのような気持ちを大切にしていくのか，どのような言動をとっていくのかを考えることが，日常生活につなげるためにも大切です。

> **❹の所見例**
> ●今後は，自分から進んで挨拶しようとする意欲が感じられました。
> ●これからの自分がもたなければならない心に気付くことができました。

23

2 所見の要素と組み立て

　所見に何を書くかはっきりしてきたら，次は実際にどう書くかということになります。本書では，前ページの❶～❹の視点をもとに，「◎ とても成長した子どもへの所見」，「○ 成長した子どもへの所見」，「☆ 成長しようと頑張っている子どもへの所見」と，3パターンの書き方で所見文例を提出しています。

◎　とても成長した子どもへの所見

　◎は，❶～❹の4つの視点のうち，どれか2つ以上できている場合の所見です。❶～❹を評価する文例でよく使う表現としては，それぞれ下のようなものがあります。

> ❶の視点…「～が分かりました」「～に気付きました」「～を理解できました」「～ができました」「～の気持ちをもてました」「～の思いを深めました」「～の考えを深めました」
> ❷の視点…「これまでの～を振り返り，」「自分が～であったことに気付き，」
> ❸の視点…「友達の意見を聞いて～に気付き，」「～という考えももち，」
> ❹の視点…「～の意欲が高まりました」「～しようとする気持ちが表れていました」「～の意欲が表れていました」「～したいという思いが伝わってきました」

〈◎の所見例〉

● 規則の尊重の学習では，展開の話し合いの中で，❶<u>きまりの意義やよさについて理解し</u>，❹<u>自分たちのきまりを見直そうとする意欲が見られました</u>。

● 勇気をテーマにした学習を通して，❷<u>今までの自分は勇気がないばかりにチャンスを見逃してきたことに気付きました</u>。❹<u>「これからは勇気をもって行動したい」という意欲がノートの記述に表れていました</u>。

● 「○○○○」の学習では，❸<u>友達の意見から自分が危険から身を守ることだけではなく，周囲の人の安全にも気を付けることが大切だということに気付き</u>，❹<u>生活の中で実践しようとする意欲が高まりました</u>。

第2章　所見の書き方

○　成長した子どもへの所見

　○は，❶〜❹の4つの視点のうち，1つできている場合の所見です。

〈○の所見例〉

●生命の尊重の学習を通して，❶^{視点}生命は祖先から受け継がれていることを理解し，生命に対して自分なりの考えをまとめることができました。

●「○○○○」の学習では，困難を乗り越える筆者の生き方を学び，❷^{視点}自分には努力が足らずにすぐあきらめていたところがあったことに気付くことができました。

●「○○○○」の学習で，主人公が友達に自分の思いを伝えるべきか葛藤する場面では，❸^{視点}友達の考えを聞いて，主人公の心情についての理解を深めていました。

●自然愛護の学習を通して，❹^{視点}自然環境を守るためにこれから自分でできることについてよく考え，ワークシートにたくさんのアイディアを書くことができました。

☆　成長しようと頑張っている子どもへの所見

　☆は，❶〜❹の4つの視点のうち，どれも「あと一歩！」という場合の所見です。小さいけれども成長したところを書く場合は，

> 「〜する意欲が少しずつ育ってきています」
>
> 「〜な気持ちが育ってきています」
>
> 「〜のような自分を振り返る力がついてきています」
>
> 「〜ができつつあります」
>
> 「〜しようとする心が育ってきています」
>
> 「○○は理解しているので，更に□□するとよいでしょう」

のように，子どもの頑張りを認め励ます表現にしましょう。

〈☆の所見例〉

●友情，信頼の学習で，資料の主人公の気持ちに寄り添うことができました。友達とよりよい関係を築こうとする気持ちが育ってきています。

●礼儀の学習では，友達の発言に熱心に耳を傾けていました。礼儀を大切に行動しようとする心が育ってきています。

●相互理解の学習では，相手の意見を聞くことの大切さを考えました。グループ学習では，友達の意見を聞く態度ができつつあります。

25

❸ 所見の書き方の留意点

保護者が目にする所見です。所見の文章を書く際には，まず大前提として，誤字脱字がないようにしっかり確認しましょう。国語辞典をそばに置き，自治体発行の用字・用語例も参考にしてください。下に所見における適切な表現のポイントをあげておきます。

❶ 誰にでも分かる言葉で

一般的でなく専門的な用語（例えば，「道徳的態度」「道徳的実践力」「畏敬の念」など）は避け，子どもや保護者に分かりやすい言葉を使いましょう。

❷ 差別感を与えたり，人を傷つけたりしない表現で

「男（女）らしい」など差別感を感じさせる言葉や，人権問題に関わる言葉は使わないようにしましょう。「クラスで一番」など友達と優劣を比べるような言葉も同様です。

❸ 感情的・断定的な見方をしないで

「上手に」「立派に」など，教師の主観と捉えられかねないあいまいな表現で書いたり，「いつも元気な○○さんは」などと決めつけたり，えこひいきしていると誤解されるような表現は避けましょう。

❹ 保護者に責任転嫁しないで

「甘やかされているので」など家庭に責任を求める表現にしないようにしましょう。保護者のやる気が出る表現が望ましいです。

❺ どこを伸ばせばよいのか分かるように

「こうすればもっとよくなる」と伸びるための具体的な手立てが書かれていると子どもたちのやる気が出てきます。

---

column 4　子どものやる気アップにつながる見方のヒント

「まだまだ」と思えるような子どもの様子も，視点を変えると長所に変わります。子どもの意欲を伸ばせるよう，教師は温かいまなざしで子どもを見取りましょう。
次のページに子どものやる気アップにつながる見方のヒントを載せました。参考にしてみてください。

第2章　所見の書き方

子どものやる気アップにつながる見方のヒント

行	子どもの様子	やる気アップの見方	行	子どもの様子	やる気アップの見方
あ	あきらめが悪い	粘り強い	た	だまされやすい	正直な
	あきらめが早い	決断力がある		頼りない	控えめな
	意見が言えない	控えめ，協調性がある		だらしない	こだわらない
	いばっている	自信に満ちている		単純	素直な
	うるさい	活発な		調子に乗る	行動的な
	落ち着きがない	活動的な，好奇心旺盛な		冷たい	冷静な
	おとなしい	穏やかな，控えめな		でしゃばり	世話好きな
	おっとりした	捉われない		鈍感	物事に動じない
	おたく	自分の世界をもっている		とろい	落ち着いた
か	かっとなる	感受性豊かな	な	内向的	思慮深い
	変わった	個性的な		のんき	こだわらない
	がさつ	大胆な	は	反抗的	自分の意見が言える
	きつい	自己主張できる		ふざけた	明るい
	気が強い	自信に満ちている		ぼんやり	穏やか
	気が弱い	優しい	ま	周りを気にする	心配りができる
	軽率	行動的な		無責任	こだわらない
	けじめがない	集中力がある		無口	落ち着いた
	強情	意志が強い		むらがある	やるときはやる
さ	さぼる	自分で行動する		面倒くさがり	こだわらない
	騒がしい	活発な		ものぐさ	こだわらない
	自分本位	自分に正直な	や	やかましい	元気がある
	ずうずうしい	堂々とした		やる気がない	落ち着いている
	ずるい	合理的な		優柔不断	協調性がある
	責任感がない	こだわらない	ら	乱暴	こだわらない
	せっかち	行動的な		利己的	自分を大事にする

27

ここが知りたい！ 道徳科の評価

Q1 「指導と評価の一体化」とは，具体的にどのようにすることですか。

A 指導の効果を上げるためには，指導のねらいや内容に照らして子どもたちの学習状況を把握するとともに，その結果を踏まえて，授業改善をすることが必要です。選択した教材は適切だったか，発問は適切だったか，多面的・多角的な考えをもたせることができたか，自分との関わりで捉えさせることができたかなど，子どもの姿を通して評価します。そしてその評価を生かして改善案を検討することが求められています。

Q2 保護者に「評価は教師の主観ではないか？」と言われてしまいました……。そんな疑問にはどのように答えればよいのでしょうか。

A 道徳科の評価も，他教科と同じように妥当性や信頼性を確保することが必要です。しかし，評価はどうしても教師の主観に陥りやすいことも事実です。そこで求められるのが，チームによる評価です。解説にも「評価は個々の教師が個人として行うのではなく，学校として組織的・計画的に行われることが重要である」（解説p.110）と書かれています。学校として指導方法や評価方法，評価の視点などについて共通理解し，保護者に説明できるようにしておくことが大切です。

第2章　所見の書き方

Q3 保護者の関心が高い通知表。所見の書き方で特に気を付けた方がよいことはありますか。

A 特に気を付けたいのは，行動の記録に○が付いているのに，道徳科の所見ではそのよさに全然触れられていない場合です。つまり行動の記録と所見の内容が一致しないことです。これでは，保護者に疑問をもたれてしまい，説明責任が果たせません。記述が合うように心掛けましょう。逆に，子どもの心は変わりやすいので，道徳科ではよい発言をしたり，よいことを書いたりしても，日常の生活では実践できない子もいるので，道徳科の所見でよい記述があっても，行動の記録では○が付かない場合もあります。子どもをしっかり見取り保護者が納得のいく評価にしていくことがいちばんです。

Q4 いじめをしている子など，言動に課題のある子がいます。どう評価すればよいのですか。

A いじめに対しては，すぐに対応しなければならないので，個別指導や学年・学級の全体指導をしたあとの評価となります。指導したあと，その子に変容があればその具体的な言動への評価を書けばよいでしょう。ただし，いじめをしていた事実が分かるような表現は避けてください。もし変容が見られなければ，ほかの視点でよさを認めたうえで，本書の所見文の書き方を参考にして，努力している目標に対して書いてください。

29

Q5 チームによる**評価**はどう進めていけばよいのですか。

A チームによる評価をするには，評価のために集める資料や評価方法などについて話し合い，評価結果についても教師間で評価の視点などを共通理解することが大切です。

具体的には，例えば校内研修などで，子どもに何をさせて，どういった資料を保存しておけばよいのか，そして，評価の仕方について，子どもの実例を挙げて具体的に話し合うことが大切です。

「総合的な学習の時間」が始まったときも，子どもたちをどう見取ったらよいのか分からず，校内研修がたくさん行われました。道徳科でも，それと同じように，研修を実施することが必要です。子どもの評価資料を複数の教師の目で見てその結果を比べることで，具体的な評価の視点や方法などを学ぶことができます。例えば，「授業中のこの発言はどうだったのか」「ワークシートに記述した内容はどう見取ればよいのか」「グループでの話し合いでどのようなことに気付いたのか」などていねいに話し合うことが大切です。その話し合いが，教師の評価能力を高めるとともに，授業改善にもつながるのです。

Q6 「優等生的反応」をしがちな子を評価する場合の注意点は何ですか。

A 「優等生的反応」とは，教師が求めている答えをすぐに探す子や，言動は伴わないが頭で正しいと思っている子の反応ですね。教師はその反応をそのまま評価してはいけません。例えば問題場面の意味をきちんと理解しているのか，なぜそうすることが求められているのか，一面的でなくもっとほかの視点はないのかなど，子どもたちが考えを深められるような問い掛けをしていく必要があります。そのような問いに対しての子どもの言動を見取れば，表面的でなく，更に子どものよさを伸ばす評価，励ます評価になっていきます。

第2章　所見の書き方

Q7 反応の薄い子を評価する場合の注意点はありますか。

A 反応が薄いという「表面」だけを捉えていては正確な評価はできません。発言はしないけれど真剣に考えている子や友達の話をしっかり聞いている子など，子どもたちの学びの姿は様々です。子どもたち一人一人をていねいに見取り，「この子は何を考えているのか」「この子のよさは何だろう」と温かい目線で子どもたちを理解することが大切です。

Q8 特別な支援を要する子には，どのような視点で所見を書けばよいのですか。

A その子の障害による学習上の困難さの状況をしっかり踏まえたうえで評価することが大切です。「（合理的配慮を伴った指導をした結果，）相手の意見を取り入れつつ自分の考えを深めている」など，個人内評価でその子の成長を捉える所見がよいでしょう。自己肯定感が高まるような所見が適切です。

Q9 日常生活ともちょっと違う場面，例えば行事などでの子どもの評価はどうすればよいですか。

A 大きな行事は子どもをぐっと伸ばします。運動会などの大きな行事こそ，道徳の視点からの振り返りが必要です。「この行事を通してどのような心が育ったのか」「どのような心がまだ足りていないのか」を子どもたちに自覚させることが明日からの子どもの成長につながります。よい面は総合所見で評価しましょう。各学校でつくられている別葉を見直し，行事を道徳的視点から振り返ることをおすすめします。

第3章
中学年の所見＊文例集＊

本章は，所見の記入文例集です。
内容項目別に子どもの「よさ」や
「成長したところ」をキーワードで整理し，
子どもの成長度に合わせて◎○☆で
書き分けています。
子どもたちの姿を思い浮かべながら
アレンジしてください。

以下のテーマの学習についての所見は，文例の末尾にマークを付けました。

い…「いじめ」
体…「体験的な学習」
情…「情報モラル」
現…「現代的な課題」

A 善悪の判断，自律，自由と責任

正しいと判断したことは，自信をもって行うこと。

物事の善悪について的確に判断し，自ら正しいと信じるところに従って主体的に行動すること，自由を大切にするとともに，それに伴う自律性や責任を自覚することに関する内容項目である。

（文部科学省「解説」より）

友達とのつながりが強くなるので，周囲に流されて，自分の意に反することでもしてしまうことがあります。正しくないと判断したことはしない強さをもたせたいですね。

評価のキーワード
- 正しいと判断したことを行う
- 自信をもって行う
- 周囲に流されない
- 正しくないことはきっぱりと断る
- 正しくないことをすすめない
- 正しくない人を止める

正しいと判断したことを行う

◎「〇〇〇〇」の学習では，相手の状況や気持ちを考えて行動することの大切さに気付き，これからは正しいと判断したことを行おうという思いを強めていました。

◎正しいことを実行しようという気持ちが高まっています。葛藤する場面の役割演技を通して，正しいと判断したことを行うことの大切さを理解することができました。 体

○「〇〇〇〇」の学習では，様々な情報の中で葛藤する主人公の気持ちや行動について話し合い，正しいと判断したことを行う大切さについて気付きました。 情

☆正しいと思うことができず後ろめたさを感じた気持ちや経験について考えることを通して，正しいと判断したことを行おうとする気持ちが育ってきています。

自信をもって行う

◎「〇〇〇〇」の学習では，友達との話し合いを通して，主人公の行動が正しいかどうか様々な角度から考え，正しいと判断したことは自信をもって行う大切さに気付きました。

◎友達にはっきりと意見を言う主人公の姿から，自分の行動によって周囲の人の気持ちが変わることを理解し，今後はよく考えて正しいと判断したことは自信をもって行おうと考えを深めました。

○自信をテーマにした学習では，周囲の人のことを考え，正しいと判断したことは自信をもって行うことの大切さを理解し，自分なりの考えをワークシートにまとめていました。

☆本当の自由とは何かについて友達と話し合う中で，正しいと考えたことを自信をもって行おうとする気持ちが育ってきています。

34

第3章　中学年の所見＊文例集＊

周囲に流されない

◎「○○○○」の学習では，役割演技を通して周囲に流されないで行動することの大切さに気付きました。いろいろな場面での善悪の判断がきちんと身についています。【体】

◎自律的な行動について話し合い，様々な情報の氾濫や気持ちのすれ違いによって争いが起こることに気付き，周囲に流されないで行動しようという気持ちが高まりました。【情】

○「○○○○」の学習では，友達との話し合いを通して主人公の気持ちを想像し，今までの自分を振り返り，自分は周囲に流されないで行動できるか真剣に考えていました。

☆友達から様々なことをすすめられる主人公の気持ちを真剣に考えていました。周囲に流されないで行動しようとする気持ちが育ってきています。

正しくないことをすすめない

◎「○○○○」の学習では，自分の行動が正しい行動か様々な角度から考え，これからは正しくないことを人にすすめないようにしようという思いをもちました。

◎今までの自分を振り返り，正しくないと判断したことを人にすすめないようにしようと考えを深めました。自ら信じることに従って行動しようという気持ちが高まっています。

○いじめをテーマにした学習では，主人公の行動によって周囲の人の気持ちが変わることを理解し，正しくないことを人にすすめない大切さを，友達と真剣に話し合いました。【い】

☆善悪の判断の学習では，よく考えてから行動することの大切さに気付き，正しくないことを人にすすめないようにしようという気持ちが育ってきています。

正しくないことはきっぱりと断る

◎「○○○○」の学習では，自分の行動によって周囲の人の気持ちが変わることを理解し，正しくない行動を人からすすめられたときはきっぱりと断る大切さに気付きました。

◎正しくないことをすすめられたらどうするかというテーマの学習では，きっぱりと断る勇気をもつことの大切さに気付きました。自分で考え行動しようとする気持ちが育っています。

○「○○○○」の学習では，役割演技で正しくない行動をすすめられている主人公の気持ちを感じ取ったり，正しくない誘いをきっぱりと断ったりすることができました。【体】

☆よくないと思ったことをしてしまった行動の結末について考え，正しくないことを人からすすめられたときは，きっぱりと断ろうという気持ちが育ってきています。

正しくない人を止める

◎「○○○○」の学習では，主人公の状況や気持ちについての話し合いを通して，いじめについての理解を深め，正しくない人を止めようという思いをもちました。【い】

◎善悪の判断についての学習では，友達との話し合いを通して，様々な場面での正しい行動について理解し，正しくない人を止めることの大切さに気付きました。

○「○○○○」の学習では，正しくない人を止めることの大切さについて，友達と意欲的に話し合い，考えたことをワークシートにまとめることができました。

☆道徳の映像教材を見て，主人公の状況や気持ちに共感し，自分は正しくない人を止めることができるか真剣に考えていました。

A

主として自分自身に関すること

35

過ちは素直に改め、正直に明るい心で生活すること。

A 正直、誠実

偽りなく真面目に真心を込めて、明るい心で楽しく生活することに関する内容項目である。

（文部科学省「解説」より）

友達とのつながりの中で、安易に周囲に流されてしまいがちです。伸び伸びとした気持ちで明るく生活できるよう、自分の気持ちに正直でいるよう励ましていきましょう。

評価のキーワード
- ●正直である
- ●明るい心で生活する
- ●伸び伸び生活する
- ●素直に反省する
- ●元気よく生活する
- ●過ちは素直に改める

正直である

◎「○○○○」の学習では、役割演技を通して自分の過ちを認めて正直に伝えることの大切さに気付きました。終末では、今までの自分の行動を見つめ直すことができました。**体**

◎正直な心についての学習では、友達との話し合いを通して、主人公の葛藤する気持ちについての理解を深め、自分の過ちを正直に伝えようとする気持ちが高まりました。

○正直な心をテーマにした学習では、主人公と今までの自分を照らし合わせて考え、自分に正直に行動できたときの気持ちを振り返ることができました。

☆「○○○○」の学習では、葛藤する主人公の気持ちについて友達と話し合う中で、自分の過ちを正直に伝えようとする気持ちが育ってきています。

明るい心で生活する

◎「○○○○」の学習では、悩みを解消する前後の主人公の気持ちの変化から、明るい心の大切さを理解しました。今後、心身共に健康で、明るい心で生活しようという意欲が高まりました。

◎いじめの被害者の手記を通して、相手を思いやり、みんなが明るい心で生活できるようにすることの大切さに気付きました。いじめを見過ごさず、自分も友達も大切にする気持ちが高まりました。**い**

○「○○○○」の学習では、主人公の状況や気持ちについて考える中で、みんなが明るい心で生活するために大切なことに気付き、自分の考えを積極的に発表していました。

☆「○○○○」の学習では、友達との話し合いを通して、明るい心で生活できているときの登場人物の状況や心情を理解しようとする様子が見られました。

第3章　中学年の所見＊文例集＊

伸び伸び生活する

◎「○○○○」の学習では，自分や友達の過ちと向き合うことの大切さに気付き，正直に話し合い，みんなで伸び伸びと生活できるようにしようという思いが深まりました。

◎自分の行いを正直に話すことができた主人公の気持ちについて，自分の体験と照らし合わせて考えることができ，正直であるからこそ，明るい心で伸び伸びと生活できるということに気付きました。

○「○○○○」の学習では，明るく伸び伸びと生活するために大切なことについて真剣に考えていました。学習中に考えたことを今後の自分の生活にも生かしたいという気持ちをもちました。

☆道徳の映像教材を真剣に視聴し，主人公が明るく伸び伸びと生活できているときと，暗い気持ちでいるときの違いについて，自分なりの考えをワークシートにまとめていました。

元気よく生活する

◎「○○○○」の学習では，主人公の気持ちについて話し合うことで，明るい心で生活する大切さを理解し，元気よく生活できるようにしていこうという思いをもちました。

◎友達との話し合いを通して，元気に生活するために大切なことについて，様々な視点から考えることができました。正直でいることが元気よく生活することにつながると気付きました。

○積極的に役割演技に参加し，友達との関わり方によってどう気持ちが変わるのかを体験を通して理解し，お互いに元気よく生活するためにどうしたらよいのか気付くことができました。**体**

☆「○○○○」の学習では，登場人物の気持ちに共感し，みんなが元気よく生活するためにはどうしたらよいのか，自分の考えをワークシートにまとめていました。

素直に反省する

◎「○○○○」の学習では，主人公の気持ちの変化を考える中で，過ちを素直に認めて謝ることの大切さに気付きました。過ちを犯したときは素直に認めて謝ろうという思いが伝わってきました。

◎主人公が自分の過ちに気付き，素直に謝った勇気に感動し，過ちを素直に認めることの大切さを理解しました。主人公と自分を照らし合わせ，今までの行動を振り返ることができました。

○「○○○○」の学習では，主人公の気持ちや行動をもとに，反省することの大切さについて自分なりの考えをまとめ，今後，反省を行動や態度で表そうという気持ちをもちました。

☆「○○○○」の学習では，自分の過ちに気付いたときの主人公の状況や気持ちについて考え，素直に謝るかどうか葛藤する姿が見られました。

過ちは素直に改める

◎「○○○○」の学習では，自分の過ちを反省し，その気持ちを相手に伝えることの大切さに気付き，今までの自分の在り方を振り返ることができました。

◎映像教材を真剣に視聴し，登場人物の心情の変化に気付きました。素直に謝ることで，自分も相手もよい気持ちになることが分かり，過ちに気付いたら素直に謝ろうという気持ちが高まりました。

○「○○○○」の学習では，友達との話し合いを通して，主人公の素直に謝ることができないときの気持ちや，謝ることができたときの気持ちについて，考えを深めることができました。

☆素直さをテーマにした学習では，友達との話し合いを通して，素直に謝ることができたときの気持ちについて，考えを深めたり，整理したりすることができました。

A

主として自分自身に関すること

37

A 節度，節制

自分でできることは自分でやり，安全に気を付け，よく考えて行動し，節度のある生活をすること。

健康や安全に気を付け自立した生活ができるようにするための基本的な生活習慣を身に付けること，節度をもって節制を心掛けた生活を送ることに関する内容項目である。

（文部科学省「解説」より）

この段階では，生活における自立を重視していきましょう。人に言われるのではなく，自分でできることを考え，自分から動けるよう自立に向けて励ましていきましょう。

評価のキーワード
- 基本的な生活習慣を身に付ける
- 節度ある生活をする
- 自分でできることは自分で行う
- 安全に気を付ける
- 自分自身で考える
- 自立した生活のよさを考える

基本的な生活習慣を身に付ける

◎「○○○○」の学習では，主人公の行動や気持ちについて話し合う中で，自分の基本的な生活習慣を見直すことができました。自分から行動しようとする気持ちをもてました。

◎基本的な生活習慣を身に付けるよさを様々な視点から考えることができました。自分でできることは自分で行おうという気持ちが高まりました。

○映像教材を視聴し，時間や物を大切にするようになった主人公の気持ちの変化を考える中で，基本的な生活習慣の大切さに気付くことができました。

☆基本的な生活習慣をテーマにした学習では，自分の考えをワークシートにたくさん書き，友達と自分の考えを比べながら意欲的に話し合っていました。

節度ある生活をする

◎「○○○○」の学習では，主人公の気持ちについて話し合う中で，自分で考えて節度ある生活を送ることの大切さに気付きました。自分の生活を見直し，今後気を付けたいことを考えました。

◎節度ある生活とは，どのようなものなのか，登場人物の様子や，友達との話し合いから理解を深めることができました。これからの生活では，心身共に健康でいたいという思いを深めました。

○夏休みのしおりをもとに，節度ある生活とはどのようなものなのか話し合い，これから節度ある生活を送るためにはどうしたらよいのか考えることができました。

☆節度ある生活の学習では，教材の主人公の生活をもとに，節度ある生活とはどのようなものなのか考え，グループの中で自分の意見をしっかりと伝えていました。

第3章　中学年の所見＊文例集＊

自分でできることは自分で行う

◎「○○○○」の学習では，自分の生活を振り返り，見直すことができました。今後は，自分でできることは自分で行おうという気持ちをしっかりもつことができました。

◎自分で考えて行動するようになった主人公の気持ちの変化について理解し，自立することの大切さに気付きました。今後，自分でできることは自分で行おうという気持ちが高まりました。

○「○○○○」の学習では，主人公の行動と気持ちの変化に共感することができました。自分でできることは自分で行いたいという気持ちをもてました。

☆友達の話や，教材に出てくる主人公の行動をもとに，自分でできることは自分で行うことができているか考えるなど，自分を振り返る力が付いてきています。

自分自身で考える

◎「○○○○」の学習では，主人公の生活をもとに今までの自分の生活を振り返り，自分自身で考える大切さに気付きました。これからは節度ある生活を送ろうという気持ちをが高まりました。

◎自分で考えて行動したときの気持ちや成長について話し合う中で，自分自身で考えて行動することの大切さに気付いたり，どのような場面で自分で考えて行動すべきか理解を深めたりしました。

○自分で考えることをテーマにして，主人公の行動について友達と話し合い，自分自身で考えて行動することの大切さに気付くことができました。

☆役割演技を通して，主人公の行動や気持ちの変化について理解し，自分自身で考えて行動しようという気持ちが育ってきています。 **体**

安全に気を付ける

◎「○○○○」の学習では，主人公が危険な状況になった原因について話し合う中で，安全に行動することの大切さに気付きました。今後，安全に気を付けて生活しようという思いを強くもちました。

◎グループで話し合う中で，インターネットを使うときに注意すべきことについて理解を深めました。今後，安全に気を付けてインターネットを使おうという気持ちをしっかりもちました。 **情**

○インターネットを活用するときの安全について考える学習では，主人公の行動や気持ちをもとに，安全に気を付けた行動とはどのようなものなのか理解し，積極的に発表していました。 **情**

☆自分が危険な状況に陥ったときの行動や気持ちについての思い出を通して，安全に気を付けて生活しようという気持ちが育っています。

自立した生活のよさを考える

◎「○○○○」の学習では，主人公の自立した生活をもとに今までの自分を振り返り，今後，自分でできることは自分で行おうとする思いが深まりました。

◎役割演技を通して，人から言われて動くときと，自分から動くときの違いを感じ取り，自立の大切さに気付きました。今後，自立した生活を送ろうという気持ちをもつことができました。 **体**

○自立をテーマにした学習では，自立した生活や気持ちの変化について友達と話し合う中で，自立した生活とはどのようなもので，なぜ自立した生活が大切なのか理解を深めていました。

☆「○○○○」の学習では，主人公の生活や気持ちの変化から，自立した生活がどのようなものなのか，自分の考えをワークシートにまとめていました。

A

主として自分自身に関すること

A 個性の伸長
自分の特徴に気付き，長所を伸ばすこと。

個性の伸長を図るために積極的に自分の長所を伸ばし，短所を改めることに関する内容項目である。

（文部科学省「解説」より）

中学年では，その子のよいところを認め励ましつつ，授業の中で様々な人の生き方や個性に触れさせるとよいですね。憧れや希望から，自分のよさに気付かせ，伸ばしていきましょう。

評価のキーワード
- ●自分の特徴に気付く
- ●自分のよさを伸ばす
- ●多様な個性に触れる
- ●特徴を多面的に捉える

自分の特徴に気付く

◎「〇〇〇〇」の学習では，自分の長所や短所を見つめ直す中で，自分の特徴に気付くことができました。これからも自分のよさを増やそうとする気持ちが高まっています。

◎それぞれの人の特徴について考える学習では，友達とお互いの長所を伝え合うことを通して，自分の特徴に気付き，長所を更に伸ばそうとする気持ちが高まりました。

○映像教材に登場した人物の多様な個性をもとに自分の長所や短所についての理解を深め，友達と意欲的に話し合う姿が見られました。

☆自分のよさをテーマにした学習では，自分の長所や短所について考え，自分の特徴とは何かノートにまとめていました。

自分のよさを伸ばす

◎「〇〇〇〇」の学習では，自分のよさを生かして成長することの大切さに気付きました。自分の長所を見つめ直し，自分のよさを更に伸ばそうと考えを深めました。

◎教材の主人公の生き方や人柄を知って憧れをもつとともに，自分の長所を伸ばすことの大切さに気付きました。よさを伸ばして，よりよい自分になりたいという思いが強まりました。

○個性とは何かについて友達と意欲的に話し合う中で，「自分のよさを見つけて伸ばしたい」という気持ちをもつことができました。

☆昨年度の道徳ノートを見ながら，自分の個性について友達と話し合い，自分のよさを伸ばすことの大切さについて考えていました。

多様な個性に触れる

◎「〇〇〇〇」の学習では，多様な個性を認め合うことでいじめをなくせることに気付きました。これからは，友達とお互いの長所を伸ばしていこうという気持ちをしっかりもちました。 い

◎「〇〇〇〇」の学習では，ゲストティーチャーの多様な個性や生き方に触れ，自分らしさの大切さに気付きました。今後は，自分の長所を更に伸ばしたいという気持ちが高まっています。

〇「〇〇〇〇」の学習では，様々な仕事で活躍する人々の多様な個性や生き方に触れ，自分の個性は何か真剣に考え，自分の個性についての理解を深めていました。

☆個性をテーマとした学習では，登場人物の多様な個性について友達と話し合う中で，自分の個性について知りたいという気持ちが育ってきています。

特徴を多面的に捉える

◎「〇〇〇〇」の学習では，長所と短所の両面から自分の特徴を捉える大切さに気付きました。今後は自分の長所を伸ばして将来の仕事に生かしたいという意欲が高まりました。 現

◎教材の主人公と自分の性格を照らし合わせて自分の長所と短所の両面について考え，自分の特徴を多面的に捉えることができました。今後，自分の長所を伸ばしたいと考えていました。

〇映像教材の主人公が短所を克服し，長所を生かしていく姿に感動し，自分の特徴を多面的に捉えながらよさを伸ばしたいという思いをもつことができました。

☆自分の特徴について考える学習では，短所を克服し，長所を生かすよさを話し合い，自分の特徴を多面的に捉えることの大切さについて考えてワークシートに書いていました。

A　主として自分自身に関すること

A 希望と勇気, 努力と強い意志

自分でやろうと決めた目標に向かって, 強い意志をもち, 粘り強くやり抜くこと。

自分の目標をもって, 勤勉に, くじけず努力し, 自分を向上させることに関する内容項目である。

（文部科学省「解説」より）

活動的な中学年は, 興味関心がどんどん広がります。反面, つらいことにはなかなか意欲をもちにくい面もあります。自分でやろうとしたことに粘り強さをもてるとよいですね。

評価のキーワード
- ●目標を立てる
- ●継続して取り組む
- ●計画的に努力する
- ●強い意志をもつ
- ●粘り強くやり遂げる
- ●努力する

目標を立てる

◎「○○○○」の学習では, 主人公の姿から努力することの大切さに気付きました。自分の目標を立てて, 苦手なことでも粘り強く取り組んでいこうとする気持ちが高まりました。

◎役割演技を通して, 主人公が努力によって得た充実感や達成感などの様々な気持ちを感じ取り, 目標を立てて努力することの大切さに気付きました。 体

○友達との話し合いを通して, 人それぞれの努力の仕方があると理解し, 自分は目標に対してどんな努力ができるか考えていました。

☆目標を立てることの大切さについて友達と話し合う中で, 自分も目標を立てて努力しようという気持ちが育ってきています。

継続して取り組む

◎「○○○○」の学習では, 主人公の姿から努力することの大切さに気付き, 自分が立てた目標に対して, 努力を継続していきたいという思いをしっかりもちました。

◎逆境でもあきらめない主人公の姿を通して, つらいときでも継続して努力することの大切さに気付き, 自分も目標に向かって努力し続けようという思いが深まりました。

○逆境の中, ひたむきに努力したゲストティーチャーの話を聞いて, つらいことがあってもあきらめずに継続して努力していくことが大切だと気付くことができました。

☆目標に向かって努力することをテーマにした話し合いで, 自分も継続して努力しようという意欲が少しずつ育ってきています。

第3章　中学年の所見＊文例集＊

計画的に努力する

◎「○○○○」の学習では，登場人物が夢を実現する姿を通して，自分の夢をかなえるために計画的に努力することの大切さに気付き，自分の夢の実現について改めて考えを深めました。

◎自分は目標に向かって計画的に取り組むことができているか，今までの自分を振り返ることができました。今後，目標に向かって努力しようとする気持ちをもてました。

○実現したい目標やそれに向けた取り組みについて友達と話し合う中で，自分の目標に対して計画的に取り組むことの必要性を感じていました。

☆「○○○○」の学習では，主人公が目標に向かって努力する姿から，計画的に努力するとはどのようなことなのか考えていました。

強い意志をもつ

◎「○○○○」の学習では，逆境でもあきらめない主人公の姿から，目標に向かって強い意志をもって進むことの大切さに気付き，今までの自分を見つめ直していました。

◎どんな状況でも前向きに努力するノーベル賞受賞者の姿から，目標の実現のために強い意志で取り組むことの大切さに気付き，自分も強い意志と努力を大切にしていく意欲が高まりました。

○努力について友達と話し合う中で，目標に向かって進むための強い意志は，どのようにしたらもてるかということについて理解を深めることができました。

☆逆境でもあきらめずに努力したゲストティーチャーの話を聞いて，自分も目標を立て，強い意志をもって進みたいという意欲が育ってきています。

粘り強くやり遂げる

◎「○○○○」の学習では，夢を実現するには何が必要なのか理解しました。これからは，やると決めたことは粘り強くやり遂げたいという思いを強くもちました。

◎自分がやると決めたことを粘り強くやり遂げるためには，自分の強い意志と周囲の支えが大切だと気付き，自分も教材の主人公のように生きようと考えを深めました。

○一度やると決めたことを粘り強くやり遂げた経験を出し合いました。友達の心の強さについて感動し，自分も強い心をもちたいと考えていました。

☆自分がやると決めたことを粘り強くやり遂げるとどのような気持ちになるのか，主人公の気持ちをもとに考え，友達と意欲的に話し合っていました。

努力する

◎「○○○○」の学習では，人が夢をかなえる要因について考える中で，努力することの大切さに気付き，将来の「夢の職業」に向かって努力しようという思いを深めました。　現

◎夢をかなえるために必要なことを話し合う中で，目標を実現するためには，自分の努力と周囲の支えが大切であると気付き，努力と周囲の人への感謝を大切にしたいという思いが強まりました。

○「○○○○」の学習では，主人公の行動や気持ちをもとに，努力することの大切さについて改めて考え，自分の体験を交えて積極的に発表していました。

☆話し合い活動で，友達が努力して目標を実現しているのを聞いて，自分の努力する姿勢について考えていました。

A

主として自分自身に関すること

B 親切, 思いやり
相手のことを思いやり, 進んで親切にすること

よりよい人間関係を築く上で求められる基本的姿勢として, 相手に対する思いやりの心をもち親切にすることに関する内容項目である。

（文部科学省「解説」より）

友達との交流が深まり, 活動範囲も広がってきます。様々な人との触れ合いを通して, 人の気持ちを考え, 親切な行為を進んでできるように指導していきましょう。

評価のキーワード
- ●相手の気持ちを考える
- ●思いやりをもつ
- ●親切にする
- ●相手の立場に立って考える
- ●親切な行為をする

相手の気持ちを考える

◎「○○○○」の学習では, いじめをなくすためには, みんなが相手の気持ちを考えて関わることが大切だと学び, 自分の友達との関わり方をしっかり振り返ることができました。 **い**

◎思いやりについて考える学習では, 友達との話し合いを通して, 登場人物の心情についての理解を深め, 相手の気持ちを考えて親切にすることの大切さに気付きました。

○思いやりをテーマにした学習では, 役割演技を通して, 相手の気持ちを理解するために, 相手の話をよく聞き, 相手の状況を考えることが大切だと気付きました。 **体**

☆自分が主人公の立場だったらどう行動するのか友達と話し合う中で, 相手の気持ちを考えて行動しようとする心が育ってきています。

思いやりをもつ

◎「○○○○」の学習では, 思いやりのある行動について友達と話し合うことを通して, 思いやりのある行動についての理解を深め, 相手に合わせた親切の大切さに気付きました。

◎教材の主人公の行動について話し合うことを通して, 相手の状況や気持ちを考え, 思いやりのある関わり方をすることの大切さに気付き, 友達を大切にしようという気持ちをもちました。

○思いやりについての学習では, 登場人物たちの心情について話し合う中で, 思いやりのある行動によって, 相手がどのような気持ちになるのか理解を深めていました。

☆思いやりのある行動について友達と話し合う中で, 自分の友達への関わり方について振り返る力が付いてきています。

親切にする

◎「〇〇〇〇」の学習では，相手の状況や気持ちを考えて親切にすることの大切さを学びました。友達との関わり方を見つめ直し，友達に親切にしようと思いを深めました。

◎親切な行為について友達と話し合う中で，親切な行為とは，相手の状況や気持ちによって様々な形があるということに気付き，自分の友達への関わり方を振り返っていました。

○どのような行為が相手にとって親切なのか，相手の状況や気持ちを想像しながら友達と話し合い，相手に合わせた親切を大切にしようという思いを深めました。

☆映像教材の登場人物の行動や気持ちについて話し合う中で，親切について自分なりの考えをワークシートにまとめることができました。

親切な行為をする

◎「〇〇〇〇」の学習では，相手に親切にすることで，自分も相手もよい気持ちになることに気付き，親切な行為を自ら進んでしたいという気持ちが高まりました。

◎福祉関連の映像教材を視聴する中で，高齢者や障害のある方など，相手の状況に合わせた対応の大切さに気付き，相手が望むような親切な行為をしたいという思いを強くもちました。現

○役割演技を通して，様々な別の状況における，親切な行為とはどのようなものなのか話し合う中で，状況や相手によって，望ましい親切な行為は違うことに気付きました。体

☆自分がほかの人に感謝されたことを思い出す中で，周囲の人に親切な行為をしようという意欲が少しずつ育ってきています。

相手の立場に立って考える

◎「〇〇〇〇」の学習では，相手の立場に立ってメールを送ることの大切さを学び，マナーを守り，思いやりのあるメールのやりとりをしたいという考えを深めました。情

◎困っている相手と関わる役割演技を通して，どのような行為が本当の親切なのか考えることの大切さに気付き，今後，相手に合わせた親切を大切にしようという気持ちがもてました。体

○「〇〇〇〇」の学習では，主人公の行動について話し合う中で，相手の立場に立って考えることで，相手への関わり方が変わってくることに気付きました。

☆ゲストティーチャーの「人との接し方」についての話を聞き，相手の立場に立った行動とはどのようなものなのか考えることができました。

B 主として人との関わりに関すること

B 感謝

家族など生活を支えてくれている人々や現在の生活を築いてくれた高齢者に、尊敬と感謝の気持ちをもって接すること。

自分の日々の生活は多くの人々の支えがあることを考え、広く人々に尊敬と感謝の念をもつことに関する内容項目である。

（文部科学省「解説」より）

低学年より広く、地域の人や働く人への感謝の気持ちがもてるようになるとよいですね。人々の努力への尊敬と感謝の気持ちを表せるよう励ましていきましょう。

評価のキーワード
- 支えに気付く
- 人を尊敬する
- 人に感謝する

支えに気付く

◎「〇〇〇〇」の学習では、震災時には多くの人が支え合って生きていたことに気付き、自分も周囲の人々に感謝しながら支え合って生活したいという思いを強くもちました。**現**

◎いじめの被害者の手記について話し合い、被害者が周囲の人の支えの中でいじめを乗り越えたことを理解しました。自分も多くの人の支えの中で生活していることに気付きました。**い**

○「〇〇〇〇」の学習では、主人公の生活を支える人々の存在について考える中で、自分も多くの人に支えられながら生活していることに気付きました。

☆感謝をテーマにした学習では、映像教材を真剣に視聴し、周囲の人の支えに気付いた主人公の気持ちや、主人公を支えている人たちの思いについて理解しようとする様子が見られました。

人を尊敬する

◎「〇〇〇〇」の学習では、現在の便利な生活を築いた人々への尊敬と感謝の気持ちをもち、マナーやルールを守ってインターネットなどを使うことの大切さに気付きました。**情**

◎地域の高齢者の話を聞き、生活の発展のために多くの人たちが力を尽くしてきたことを理解しました。生活の礎を築いた高齢者への尊敬と感謝の気持ちが高まりました。

○「〇〇〇〇」の学習では、現在の生活が多くの人のおかげであることに気付き、尊敬と感謝の気持ちを示すことの大切さについて考えていました。

☆地域のゲストティーチャーの話を聞いて、現在の生活は多くの人たちの努力のうえに成り立っているということについて考えをノートに書いていました。

人に感謝する

◎「〇〇〇〇」の学習では，自分を支えてくれている人たちへ感謝の気持ちを伝える大切さに気付きました。今後は自分が周囲の人を支えたいという思いを強くもちました。

◎感謝をテーマとした学習では，主人公と同じように，自分を支えてくれている友達や家族の存在に気付き，感謝の気持ちを言葉や手紙で伝えたいという思いが深まりました。

○自分を支えてくれている人について友達と話し合う中で，周囲の人への感謝の気持ちを強め，自分の思いをしっかりと伝えようと手紙を書きました。

☆周囲の人の支えに気付き，感謝の気持ちをもつようになった主人公の心情の変化について，友達と意欲的に話し合って理解しようとする様子が見られました。

B 主として人との関わりに関すること

B 礼儀

礼儀の大切さを知り，誰に対しても真心をもって接すること。

人との関わりにおける習慣の形成に関するものであり，相互の心を明るくし，人と人との結び付きをより深いものにするための適切な礼儀正しい行為に関する内容項目である。

（文部科学省「解説」より）

相手の立場や気持ちに応じた振る舞いができるようになってくる頃です。友達同士でなくても，誰に対しても真心をもった接し方をすることのよさを伝えていきましょう。

評価のキーワード
- ●礼儀を大切にする
- ●挨拶する
- ●言葉遣いに気を付ける
- ●よい振る舞いをする
- ●真心をもって接する
- ●相手の立場や気持ちに応じた対応をする

礼儀を大切にする

◎「○○○○」の学習では，メールなどでやりとりする際にも，礼儀や相手の気持ちを考えることが大切だと学び，今後メールを使うときに気を付けようという思いを強めていました。**情**

◎礼儀をテーマにした学習では，登場人物のやりとりから，「親しき仲にも礼儀あり」ということを学び，相手の気持ちを考え，礼儀を大切にして人と関わりたいとの思いを強くしました。

○日常生活の中での礼儀について友達と話し合う中で，様々な場面での礼儀ある行動とはどのようなものなのか理解を深めていました。

☆礼儀について考える学習では，主人公の行動や周囲の人の気持ちについて話し合う中で，自分の行動を振り返り，礼儀を大切にしたいという気持ちが育ってきています。

挨拶する

◎「○○○○」の学習では，よい挨拶の仕方を考える役割演技を通して，相手の気持ちを考えながら，心を込めることの大切さを学び，よりよい挨拶をしようという気持ちが高まりました。**体**

◎挨拶や言葉遣いで，自分や相手の気持ちが変わることを理解し，これからの生活の中で挨拶や言葉遣いなどの礼儀を大切にしたいと考えていました。

○「○○○○」の学習では，相手の気持ちを考えたよい挨拶とはどのようなものなのかを考え，誰に対しても気持ちのよい挨拶をしようという思いをもちました。

☆友達との話し合いを通して，挨拶の大切さを考え，誰に対してもしっかりと挨拶をしようという気持ちが育ってきています。

第3章　中学年の所見＊文例集＊

言葉遣いに気を付ける

◎「○○○○」の学習では，登場人物の言葉遣いから日頃の自分の言葉遣いについて振り返り，場や相手に合った言葉遣いの大切さを理解しました。

◎社会に出たときに相手や場に応じた言葉遣いをすることが大切だと学び，今の自分の言葉遣いについて見つめ直していました。 現

○言葉遣いについて考える学習では，主人公と他者との関わりから，場に応じた言葉遣いとはどのようなものなのか理解することができました。

☆様々な場面での望ましい言葉遣いや，望ましくない言葉について話し合いました。自分の言葉遣いについて振り返る力が身に付いてきています。

真心をもって接する

◎「○○○○」の学習では，主人公の行動や心情から，真心をもって人と接する大切さに気付き，人に何かを頼むときや謝るとき，真心を態度で示そうという気持ちが高まりました。

◎いじめを見て見ぬふりをせず，友達に寄り添う主人公の姿から，誰に対しても真心をもって接することの大切さに気付き，自分も主人公のように友達と関わろうという気持ちを強めていました。 い

○真心をもった対応とはどのようなものなのか，友達との話し合いをもとに真剣に考え，自分の友達との関わり方について見つめ直していました。

☆誰にでも誠実に接する主人公について話し合う中で，真心がある対応とはどのようなものなのか考えていました。

よい振る舞いをする

◎「○○○○」の学習では，場に応じた礼儀の大切さに気付きました。学校や家庭，校外学習などで，場に応じた礼儀正しい振る舞いができているか振り返っていました。

◎礼儀をテーマにした学習では，主人公の行動から場に応じた振る舞いをすることの大切さに気付き，学校や家庭，校外学習などでの自分の振る舞い方をしっかり考えていました。

○場に応じた振る舞い方について話し合い，学習中や給食中にどのように振る舞うべきか自分の行動を見つめ直していました。

☆「○○○○」の学習では，主人公の行動や周囲の人の気持ちについて話し合う中で，場面や相手に合った振る舞い方について考えていました。

相手の立場や気持ちに応じた対応をする

◎「○○○○」の学習での友達との話し合いを通して，様々な状況で自分の行動によって相手がどのような気持ちになるのか理解を深め，相手の立場や気持ちに応じた対応の大切さに気付きました。

◎様々な状況や相手に対して，どのような対応があるのか話し合う中で，相手の立場や気持ちに応じた様々な対応があることを学び，今後の生活に生かそうという思いを強めていました。

○グループ学習での友達との話し合いを通して，相手の立場や気持ちに応じた対応とはどのようなものなのか理解を深めることができました。

☆「○○○○」の学習では，場面や相手に応じて誠実に関わる主人公について話し合う中で，相手の立場や気持ちに応じた対応をしたいという気持ちが育ってきています。

B

主として人との関わりに関すること

B 友情，信頼
友達と互いに理解し，信頼し，助け合うこと。

友達関係における基本とすべきことであり，友達との間に信頼と切磋琢磨の精神をもつことに関する内容項目である。

（文部科学省「解説」より）

友達関係が強まる時期です。トラブルも多くなりますが，経験の積み重ねから，信頼し，助け合う友達関係のよさを実感できるとよいですね。

評価のキーワード
- ●友達を理解する
- ●友達を信頼する
- ●友達と助け合う
- ●友達の大切さを実感する

友達を理解する

◎「〇〇〇〇」の学習では，友達とよりよい関係を築くことの大切さに気付き，友達のことを理解し，助け合って生活していきたいという思いを強くもちました。

◎友達との関わりについての学習では，登場人物たちの関係や気持ちについて考えることを通して，友達のことを理解し，助け合うことの大切さに気付き，自分と友達の関係を見つめ直していました。

○「〇〇〇〇」の学習では，登場人物たちの絆の強さに共感し，友達を理解し，絆を強くするために，お互いの気持ちをしっかりと伝え合おうという思いをもちました。

☆友情についての学習では，お互いのことを理解し，助け合う登場人物たちの姿に影響を受け，友達のことをより理解したいという気持ちが育ってきています。

友達を信頼する

◎「〇〇〇〇」の学習では，登場人物たちの行動や気持ちから友達を信頼することの大切さを学び，友達とよりよい信頼関係を築いていきたいという思いが深まりました。

◎友達を信じて行動する教材の主人公の気持ちについて話し合う中で，様々な状況で信頼度が試されることに気付き，自分はどのくらい友達を信頼しているのか振り返っていました。

○「友情」について話し合い，友達のよさに気付きました。友達を信頼するということについて，考えを深めたり，整理したりすることができました。

☆「〇〇〇〇」の学習を通して，お互いに信頼し合う登場人物たちのように，友達を信頼し，友達から信頼してもらえるようにしたいという気持ちが育ってきています。

友達と助け合う

◎「〇〇〇〇」の学習では，積極的に役割演技に参加し，友達と助け合う中で感じる気持ちを理解し，日常生活の中でも友達を大切にしようという思いを強くもちました。体

◎いじめの被害者の気持ちについて考えることを通して，友達が困っているときに寄り添うことの大切さに気付き，友達と助け合って生活していこうという思いを強めていました。い

○ゲストティーチャーの話を聞き，震災後に助け合う人たちの心のつながりを知り，友達と助け合うことの大切さに気付くことができました。現

☆友情についての学習では，友達と助け合う登場人物たちについて話し合うことを通して，自分の友達との関わり方について振り返る力が付いてきています。

友達の大切さを実感する

◎「〇〇〇〇」の学習では，友達のよさについて振り返って伝え合う中で，友達のことをより理解したり，友達の大切さに気付いたりすることができました。

◎グループでの話し合いで，友達のよさを理解し，よりよい関係を築くことの大切さに気付きました。友達のよさを見つめ直し，友達と助け合っていこうという意欲が高まりました。

○友情をテーマにした学習では，お互いのよさに気付き，助け合う登場人物の行動や心情を理解しました。終末では，友達のよさについて改めて考えていました。

☆「〇〇〇〇」の学習では，お互いのよさを理解し，助け合う登場人物の関係について話し合う中で，友達のよさを見つけたいという気持ちが育ってきています。

B 主として人との関わりに関すること

B 相互理解, 寛容

自分の考えや意見を相手に伝えるとともに、相手のことを理解し、自分と異なる意見も大切にすること。

広がりと深まりのある人間関係を築くために、自分の考えを相手に伝えて相互理解を図るとともに、謙虚で広い心をもつことに関する内容項目である。

（文部科学省「解説」より）

自他の違いを分かってはいても、受け止めきれずに感情的になったりする時期です。自分の意見を伝えつつ、異なる意見を大切にするよさを実感できるようにしていきましょう。

評価のキーワード
- ●相互に理解する
- ●思いを伝える
- ●相手を理解する
- ●異なる考え方や意見を大切にする

相互に理解する

◎「〇〇〇〇」の学習では、主人公と友達の関係から相互理解の大切さに気付き、友達の話をよく聞いたり、自分の思いをはっきり伝えたりしていこうという思いを強くもちました。

◎教材中の登場人物たちのやりとりを通して、相手への理解を深め、自分の思いを伝える相互理解の大切さに気付き、友達への関わり方や、友達との関係について振り返っていました。

○友達との話し合いを通して、相互理解のためには寛容な気持ちや、思いを伝えるやりとりなど、様々なことが必要だと気付きました。

☆「〇〇〇〇」の学習では、友達との相互理解のために、どのような気持ちや行動が必要なのか考えていました。友達のことをもっと理解したいという思いが生まれました。

思いを伝える

◎「〇〇〇〇」の学習では、メールではなく、面と向かって話し合い、相手の言葉の裏側にある思いを考えることの大切さに気付き、自分の思いを言葉でしっかりと伝えていく意欲を高めました。**情**

◎自分の思いを伝える役割演技で、言葉によって自分と相手の気持ちや関係性がよくなることを実感し、友達に気持ちを伝えることを大切にしようという思いを強めていました。**体**

○「〇〇〇〇」の学習で、主人公が友達に自分の思いを伝えるべきか葛藤する場面では、友達の考えを聞いて、主人公の心情についての理解を深めていました。

☆自分の意見を言うことができた経験について話し合う中で、自分の思いをはっきり伝えようという気持ちが育ってきています。

相手を理解する

◎「〇〇〇〇」の学習では，高齢者や障害のある方への関わり方を話し合う中で，相手の気持ちを考え，理解しながら関わることが大切だと学び，今後の関わりに生かそうと気持ちが高まりました。現

◎相手を理解するためには話をよく聞き，相手の気持ちを考えることが大切だと学びました。友達の話をよく聞くことを心掛けようという思いを強くもちました。

○相手を理解するためには，相手の話をよく聞くことが大切だと理解しました。グループの話し合いでは，友達の話に熱心に耳を傾けていました。

☆「〇〇〇〇」の学習では，相手を理解するために主人公がどのような行動をとり，どのような気持ちになったのか考える様子が見られました。

異なる考え方や意見を大切にする

◎「〇〇〇〇」の学習では，異なる考え方や意見を大切にすることはいじめ防止につながると理解し，友達の考えに耳を傾け，よい関係を築こうという思いを強くもちました。い

◎異なる考え方や意見を大切にすることで，友達とよい関係が築けることを理解し，自分の友達との関わり方を見つめ直していました。

○グループでの学習では，異なる考え方や意見を大切にするためには，相手の話を受け入れる寛容な気持ちが必要だと気付きました。

☆友達とよく話し合い，よい関係を築いていく主人公の姿を通して，異なる考え方や意見を大切にしたいという気持ちが育ってきています。

主として人との関わりに関すること

約束や社会のきまりの意義を理解し，それらを守ること。

C 規則の尊重

生活する上で必要な約束や法，きまりの意義を理解し，それらを守るとともに，自他の権利を大切にし，義務を果たすことに関する内容項目である。

（文部科学省「解説」より）

低学年より広く，社会のきまりにも目を向けられるとよいですね。集団の向上のために，きまりの意義を理解し，守ろうという意欲を伸ばしていきましょう。

評価のキーワード
- ●約束を守る
- ●社会のきまりを守る
- ●公共物を大切にする
- ●公共の場所を大切にする
- ●公徳心をもつ

約束を守る

◎「〇〇〇〇」の学習では，約束や社会のきまりの意義やよさについて理解することができました。これからの生活の中で，それらを守ろうとする気持ちが高まっています。**現**

◎約束や社会のきまりの大切さに気付き，これから集団生活をするうえで，相手や周りの人の立場に立ち，よりよい人間関係を築こうとする気持ちをもつことができました。**現**

○「〇〇〇〇」の学習では，約束や社会のきまりの意義やよさについて考えることができました。身近な生活の中で約束を守ることが大切だと気付くことができました。**現**

☆約束やきまりについて，グループ学習で自分の考えを深めることができました。集団の向上のためには，守らなければならないきまりがあり，それを守ろうとする心が育ちつつあります。**現**

社会のきまりを守る

◎「〇〇〇〇」の学習では，約束や社会のきまりの意義やよさについて理解し，それらを守ろうとする気持ちをもつことができました。今までの自分を振り返り，きまりについて考えを新たにしました。**現**

◎社会のきまりがなんのためにあるのか，様々な立場から考えることができました。これからの生活で，きまりを進んで守っていこうとする気持ちが育っています。**現**

○きまりの意義について，友達の話をよく聞いて自分の考えをまとめることができました。集団生活をするうえで，約束や社会のきまりを守ろうとする気持ちをもちました。**現**

☆社会のきまりを守ることが，集団の生活をよりよくすることにつながると考え，きまりの大切さについて，自分の考えをワークシートに書くことができました。**現**

公共物を大切にする

◎「〇〇〇〇」の学習では，身近な生活の中で，自分と公共物や公共の場所との関わりについて気付き，集団生活の向上のためにきまりを守ろうとする気持ちをもつことができました。現

◎公共物や公共の場所の使い方について気付き，集団や社会とのよりよい関係を築こうとする気持ちをもつことができました。様々な視点からきまりについて考えることができました。現

○「〇〇〇〇」の学習では，身近な生活の中で，自分と公共物や公共の場所との関わりについて考えることができました。公共物を大切にしようとする気持ちをもっています。

☆みんなが気持ちよく生活するために，公共物を大切にしようということをワークシートに書くことができました。公共物を大切にしようとする気持ちが育ちつつあります。

公徳心をもつ

◎「〇〇〇〇」の学習では，社会生活の中において守るべき道徳としての公徳を進んで大切にしようとする気持ちをもつことができました。きまりの意義をよく理解しています。現

◎主人公の言動を通して，公徳心をもつことの大切さに気付くことができました。公共の場所でのよりよい言動について，様々な人の立場から考えることができました。現

○「〇〇〇〇」の学習では，公徳を進んで大切にしようとする気持ちをもつことができました。公徳心について，ワークシートに自分なりの考えをまとめていました。現

☆公徳心の意味について考え，これからの自分の生活に生かそうとする気持ちをワークシートに書くことができました。きまりを守ろうとする心が育ってきています。現

公共の場所を大切にする

◎「〇〇〇〇」の学習を通して，みんなが気持ちよく生活するためにはどうしたらよいか理解しました。公共の場所をきれいに使おうとする気持ちが高まっています。

◎公共物や公共の場所のよりよい使い方について，様々な立場から考えることができました。今までの自分を振り返って，公共の場所の使い方を見つめ直せました。

○みんなが気持ちよく過ごすために，公共物や公共の場所の使い方について考えることができました。みんなのために公共物や公共の場所をどう使えばよいのか，理解しています。

☆みんなが気持ちよく生活できるような，公共の場所の使い方について話し合いました。公共の場所での行動の仕方について自分の考えをまとめることができました。

誰に対しても分け隔てをせず，公正，公平な態度で接すること。

民主主義社会の基本である社会正義の実現に努め，公正，公平に振る舞うことに関する内容項目である。

（文部科学省「解説」より）

自分の仲間を優先しがちな時期です。自分の好ききらいにとらわれず，不公平な態度がいじめにつながること，誰に対しても公平に接することを指導していきましょう。

評価のキーワード
- 公正，公平な態度で接する
- 分け隔てをしない
- 周囲に与える影響を考える
- よい人間関係や集団生活を築く

公正，公平な態度で接する

◎「○○○○」の学習では，公正，公平な態度が友達に与える影響に気付くことができました。人間関係や集団生活でのいじめなどにつながる態度はとらないと強く思いました。 **い**

◎よりよい人間関係づくりには，公正，公平な態度が大切であることに気付き，それを態度に表そうとすることができました。今までの自分を振り返って，自分を見直すことができました。

○「○○○○」の学習では，自分の好みではなく，相手に対して公正，公平な態度で接することの大切さに気付くことができました。公正，公平について自分の考えをまとめることができました。

☆不公平，不公正な態度が周りに与える影響について考えることができました。どんな友達とも，公平，公正な態度で接しようとする気持ちが育ってきています。

分け隔てをしない

◎「○○○○」の学習では，誰に対しても分け隔てをせず，公正，公平な態度で接しようとする気持ちをもつことができました。不公平はいじめにつながることを理解しています。 **い**

◎よりよい人間関係を築き，いじめをなくすために，分け隔てなく接することの大切さに気付きました。不公平について，様々な立場で考えることができました。 **い**

○自分の仲間を優先するような不公平な態度をとることなく，誰に対しても分け隔てをしないという気持ちをもつことができました。不公平について，自分の考えをしっかりもっています。

☆誰に対しても，分け隔てをしないで接することの大切さを考えることができました。不公平がいじめにつながることについて，グループで話し合うことができました。 **い**

周囲に与える影響を考える

◎「〇〇〇〇」の学習では，仲間を優先したり自分の好みで接したりする不公平な態度が周囲に与える影響に気付くことができました。今後は公正な態度で接しようとする気持ちが高まりました。

◎不公平な態度で接することが周囲に与える影響について様々な視点から考えることができました。誰に対しても分け隔てをしないで接しようとする心をもっています。

○「〇〇〇〇」の学習では，不公平な態度がいじめにつながり，更に周囲に悪い影響を与えることに気付くことができました。い

☆不公平な態度が周囲に与える影響について考え，いじめなどにつながることを理解しようとしていました。い

よい人間関係や集団生活を築く

◎「〇〇〇〇」の学習では，よりよい人間関係や集団生活を築くために大切なことをいろいろな立場から考えました。今後は，誰に対しても公平に接しようとする気持ちをもつことができました。い

◎不公平な態度が，人間関係や集団生活に支障をきたし，いじめなどにつながることに気付きました。公正，公平になるような行動をとろうとする気持ちが育っています。い

○人間関係が悪くなったり集団生活に支障をきたしたりすることのないように，公正，公平な態度を理解することができました。

☆不公平な態度が周囲に与える影響について考え，それがいじめなどにつながることを理解しようとしていました。い

C 主として集団や社会との関わりに関すること

C 勤労，公共の精神
働くことの大切さを知り，進んでみんなのために働くこと。

仕事に対して誇りや喜びをもち，働くことや社会に奉仕することの充実感を通して，働くことの意義を自覚し，進んで公共のために役立つことに関する内容項目である。

（文部科学省「解説」より）

低学年と違い，働くことを面倒に感じることもある時期です。生活の中で自分ができることを考えさせ，自分の役割を果たし，進んで働く態度を育てていきましょう。

評価のキーワード
- 進んで働く
- 自分の役割を果たす
- みんなのために働く
- 力を合わせて仕事をする

進んで働く

◎「○○○○」の学習では，自分の役割を果たし，力を合わせて仕事をすることの大切さを理解しました。これからは，クラスのために進んで働こうとする気持ちが高まりました。

◎働くことの意味を理解し，みんなのために進んで働こうとする心情をもつことができました。働くことについて，友達の意見と比べて，様々な視点から意見を述べることができました。

○「○○○○」の学習では，みんなのために進んで働くことの大切さに気付くことができました。働く意味について，自分の考えをしっかりまとめることができました。

☆進んで働くとはどういうことなのか，よく考えワークシートに書くことができました。これからの係活動について，自分の考えをもつことができました。

自分の役割を果たす

◎「○○○○」の学習を通して，集団の一員として，自分の役割を果たすことの大切さに気付き，これからは，協力しながら仕事をしようとする気持ちが高まりました。

◎集団生活の中で，自分の役割を自覚し，みんなのために役に立つような仕事を考え，進んで働こうとする気持ちをもつことができました。今までの自分をしっかり見つめることができました。

○学級や家庭での自分の役割について考えることができました。自分のできる仕事を見つけて，その役割を自覚し，働こうとする気持ちがもてました。

☆自分の役割を果たすことの意味について考え，働くことについて，友達の話をよく聞き，自分の考えをワークシートに書くことができました。

みんなのために働く

◎「〇〇〇〇」の学習では、集団生活の向上につながる活動に参加することの大切さに気付きました。これからは、みんなのために働こうとする意欲が高まっています。

◎集団の一員として、みんなのために自分ができることを見つけ、進んで働こうとする気持ちをもつことができました。働くことについて様々な視点から考えることができました。

○「〇〇〇〇」の学習では、みんなのために働くことの大切さについて考えました。今までの自分を振り返って係活動において自分がやるべきことをワークシートに書くことができました。

☆主人公の気持ちに共感して、力を合わせて仕事をすることの意味について考えることができました。みんなのために進んで働こうとする気持ちが育ってきています。

力を合わせて仕事をする

◎「〇〇〇〇」の学習を通して、自分の役割を果たし、力を合わせて仕事をすることの大切さに気付きました。これからは進んで仕事をしようとする気持ちがあふれています。

◎自分にできることを考え、みんなと力を合わせて仕事をしたり自分の役割を果たそうとしたりする意欲をもつことができました。今までの自分を振り返り、改善策を見いだしました。

○集団生活の向上のために、力を合わせて仕事をしようとする気持ちをもつことができました。働くことについて、友達の意見を聞きながら自分の考えをまとめることができました。

☆力を合わせて仕事をすることの大切さを考え、みんなに伝えることができました。グループ学習では、友達の考えに耳を傾け、自分なりの考えを発表していました。

C 主として集団や社会との関わりに関すること

C 家族愛，家庭生活の充実
父母，祖父母を敬愛し，家族みんなで協力し合って楽しい家庭をつくること。

家族との関わりを通して父母や祖父母を敬愛し，家族の一員として家庭のために役立つことに関する内容項目である。

（文部科学省「解説」より）

家族の一員としての意識が高まります。自分が家族の一員であることの自覚を深めさせ，協力し合って，楽しい家庭をつくろうという意欲を高めていきましょう。

評価のキーワード
- 家族に敬愛の念をもつ
- 家族の一員として関わる
- 家庭生活で役に立つ
- 家族に感謝される

家族に敬愛の念をもつ

◎「○○○○」の学習では，家族が自分に対して愛情をもって育ててくれていることに気付き，敬愛の念を深めていくことができました。家族の中で，自分の役割を自覚できています。

◎家族が自分に対して愛情をもって育ててくれていることに気付き，敬愛の念を深めていこうとする気持ちをもつことができました。今までの自分と家族の関わりを見つめることができました。

○「○○○○」の学習で，今の自分がいることは，家族の愛情によることだと気付くことができました。よりよい家族について，自分の考えをまとめることができました。

☆主人公の言動に共感し，日頃，世話になっている家族に敬愛の念が育ちつつあります。家族の中の自分について自分の考えを発表することができました。

家族の一員として関わる

◎「○○○○」の学習では，家族は協力することが大切なことに気付きました。今後の生活の中で家族の一員として，家庭生活により積極的に関わろうとする気持ちをもっています。

◎家族の一員として，家庭生活により積極的に関わろうとする気持ちが大切なことに気付き，進んで自分ができることをしたり，協力したりする気持ちが高まりました。

○「○○○○」の学習で，自分がかけがえのない家族の一員であることの自覚を深めることができました。協力し合って楽しい家庭をつくろうとする気持ちが育ってきています。

☆家族の一員として，自分ができることを考え，ワークシートに書くことができました。家族のために，何かしようとする気持ちが育ってきています。

60

家庭生活で役に立つ

◎「〇〇〇〇」の学習では，自分が家庭生活におけるかけがえのない家族の一員であることの自覚を深め，協力し合って楽しい家庭をつくろうとする気持ちをもつことができました。

◎今までの自分を振り返って，家庭生活において，自分の行動が具体的に家族の役に立っていることを実感しました。これからも，家族が喜ぶことをしようとする気持ちが強まりました。

○「〇〇〇〇」の学習では，家庭生活において，家族みんなで協力し合って，楽しい家庭をつくろうとする気持ちが高まりました。家族について自分の考えをしっかりまとめました。

☆家庭生活を楽しいものにするために，自分ができることは何か考えることができました。グループ学習では，友達の意見をよく聞いて，自分の考えを発表することができました。

家族に感謝される

◎「〇〇〇〇」の学習では，主人公に共感して，家族に喜ばれ，感謝されるような自分になる気持ちが高まりました。家族のよさについて様々な視点から考えることができました。

◎自分がかけがえのない家族の一員であることに気付くことができました。今後の生活では，家族に感謝されるくらい，自分のできることをしようとする思いが深まりました。

○家族に感謝されるように，自分の役割を果たそうとする気持ちをもつことができました。家族の在り方について自分の考えをしっかりまとめることができました。

☆主人公の言動から，自分が家族のかけがえのない一員であることを考えることができました。家族のために，自分のできることをしようとする気持ちが育ってきています。

C 主として集団や社会との関わりに関すること

C よりよい学校生活，集団生活の充実

先生や学校の人々を敬愛し，みんなで協力し合って楽しい学級や学校をつくること。

先生や学校の人々を尊敬し感謝の気持ちをもって，学級や学校の生活をよりよいものにしようとすることや，様々な集団の中での活動を通して，自分の役割を自覚して集団生活の充実に努めることに関する内容項目である。

（文部科学省「解説」より）

学級への所属意識も高まってきます。学校で自分を支え，励ましてくれる人々に感謝の気持ちをもたせ，仲間と一緒に楽しく過ごし，学級のために役立つ経験もさせていきましょう。

評価のキーワード
- みんなで協力する
- 力を合わせる
- 楽しい学級・学校をつくる
- 教師や学校の人々を敬愛する
- 充実した学校生活をつくる

みんなで協力する

◎「〇〇〇〇」の学習では，自分を励ましてくれる人たちの存在に気付くことができました。互いに思いやり，明るく活力あふれる楽しい学級を，みんなで協力し合ってつくろうとする気持ちが高まりました。

◎よりよい学級にするために，できることを様々な視点から考えることができました。みんなで協力することの大切さに気付き，実践しようとする意欲をもつことができました。

○「〇〇〇〇」の学習では，よりよい学級にするために何をしなければならないのか，理解することができました。楽しい学級を，みんなで協力し合ってつくろうとする気持ちが育ってきています。

☆みんなで協力することのよさを見つけようとしていました。よりよい学級にするために，自分にできることをワークシートにたくさん書いて，発表することができました。

力を合わせる

◎「〇〇〇〇」の学習では，力を合わせて楽しい学級をつくることの大切さに気付くことができました。これからの生活で，よりよい学校生活を送ろうとする気持ちをもつことができました。

◎よりよい学校生活を送るために，何をすればよいのか，様々な視点から考えることができました。今までの自分を振り返り，力を合わせることの大切さに気付きました。

○主人公の言動を考えることで，力を合わせて楽しい学級をつくっていこうとする気持ちが高まりました。よりよい学級にするために自分の考えをまとめることができました。

☆よりよい集団生活にするため，みんなで力を合わせようとする気持ちが育ってきています。グループ学習では，友達と協力して話し合いをすることができました。

楽しい学級・学校をつくる

◎「○○○○」の学習では，楽しい学級や学校にするためには一人一人の気持ちが大切であることに気付き，役に立てるようにしようとする気持ちをもつことができました。

◎楽しい学級にするにはどうしたらよいか，様々な視点から考えることができました。今までの自分を振り返り，積極的に学級のために働こうとする気持ちが高まっています。

○「○○○○」の学習では，楽しい学級や学校にするためには一人一人の気持ちが大切であることに気付くことができました。楽しい学級について自分なりの考えをまとめました。

☆楽しい学級や学校にするために必要なことを考えることができました。ワークシートにこれから取り組みたいことなどを書くことができました。

充実した学校生活をつくる

◎「○○○○」の学習では，日々世話になっている教師や学校の人々の存在に気付き，改めて関わりの大切さを実感しました。今後，充実した学校生活をつくろうとする意欲が見られました。

◎自分ができることは何かを考え，グループで話し合うことを通して，充実した学校生活を送ろうとする意欲をもつことができました。よりよい学級にするには，何が必要か理解しています。

○「○○○○」の学習では，充実した学校生活にするにはどうしたらよいのか，考えることができました。よりよい学級にするには，助け合うことが必要なことをよく理解しています。

☆グループ学習では，充実した学校生活を送るためにどうしたらよいか，発表することができました。よりよい学級にしたいという思いが育ってきています。

教師や学校の人々を敬愛する

◎「○○○○」の学習では，教師をはじめ学級や学校で自分を支え励ましてくれる様々な人々の存在に気付くことができました。それを受けて，感謝と敬愛の念を深め，進んで学級や学校のために働く気持ちがもてています。

◎主人公の行動に共感し，学級や学校を支えてくれる人々に敬愛の念をもつことができました。これからの生活の中で，自分ができることに積極的に取り組もうとする意欲が見られます。

○学校に関わる人には様々な人がいることに気付き，感謝の気持ちをもつことができました。グループ学習では，感謝の気持ちをどう表したらよいかを発表できました。

☆学校の先生方や地域の方に感謝と敬愛の気持ちをもち，それを表すような手紙を書くことができました。楽しい学級について，自分の考えをまとめることができました。

C 伝統と文化の尊重，国や郷土を愛する態度

我が国や郷土の伝統と文化を大切にし，国や郷土を愛する心をもつこと。

我が国や郷土の伝統と文化を尊重し，それらを育んできた我が国や郷土を愛する心をもつことに関する内容項目である。

（文部科学省「解説」より）

地域の特色にも気が付く時期です。郷土の文化，伝統行事に触れることで，地域を愛することについて考えさせ，郷土への愛着を育てていきたいですね。

評価のキーワード
- 地域の行事に興味をもつ
- 地域の伝統と文化に親しむ
- 日本の伝統と文化に親しむ
- 日本の伝統行事に興味をもつ
- 地域のよさを実感する

地域の行事に興味をもつ

◎「○○○○」の学習では，地域の行事や生活に興味をもち，郷土を愛することの大切さに気付きました。地域に積極的に関わろうとする気持ちが高まっています。現

◎主人公がなぜ地域の取り組みに熱心なのか話し合う中で，地域行事のよさに気付きました。今までの自分を振り返って，地域の行事に積極的に参加しようという気持ちをもつことができました。現

○「○○○○」の学習では，今までの自分を振り返って，地域の行事と自分との関わりに気付くことができました。地域の行事に積極的に関わろうとする気持ちが育ってきています。現

☆地域を愛する主人公を通して，地域の行事に興味をもちました。グループで話し合う場面では，地域に対する自分の考えをしっかり相手に伝えることができました。現

地域の伝統と文化に親しむ

◎「○○○○」の学習では，主人公の伝統に対する思いを理解し，地域の伝統と文化により親しもうとする気持ちをもつことができました。地域を愛する心をしっかりもっています。現

◎自分の住んでいる町の伝統と文化を知り，地域を愛するとはどういうことか理解することができました。これからも自分たちの地域を守っていこうとする思いが深まりました。現

○主人公の行動を通して，自分の地域の伝統と文化に親しむ気持ちをもつことができました。地域の文化について自分の考えをワークシートに書くことができました。現

☆地域に自分たちも参加できる行事があることを知ることで，地域の伝統と文化について，興味関心が高まってきています。地域に対する自分の考えをまとめることができました。現

日本の伝統と文化に親しむ

◎「○○○○」の学習では，主人公の言葉から改めて日本のよさに気付くことができました。今までの自分を振り返って，これからは日本のよさを守っていこうとする意欲が感じられます。現

◎他国と日本を比べることで，様々な視点から日本のよさに気付くことができました。これからの生活の中で日本のよさはないか見つけようとする気持ちが高まっています。現

○「○○○○」の学習では，日本のよさについてたくさん発表することができました。主人公の言動を通して，日本のひと・もの・ことのよさに改めて気付くことができました。現

☆日本のよさについて，自分なりの考えをまとめることができました。グループ学習では，友達の発表をよく聞いて，自分の考えを言うことができました。

地域のよさを実感する

◎「○○○○」の学習では，地域のよさに気付き，地域の生活や環境などの特色にも目を向け，郷土のすばらしさを実感できました。地域のよさを様々な視点から発見できました。

◎地域のよさを知り，更によいところはないか見つけようとする気持ちをもつことができました。地域に積極的に関わろうとする姿勢が身に付いています。現

○「○○○○」の学習では，主人公の言動を通して，地域のよさを守っていく大切さに気付きました。地域のために自分ができることをワークシートに書くことができました。現

☆自分の地域を見直すことで，地域のよさをたくさん発表することができました。地域に対する関心が高まり，地域のよさについて自分なりの考えをもつことができました。

日本の伝統行事に興味をもつ

◎「○○○○」の学習では，伝統行事に興味をもち，それらを守っている人たちに親しむ気持ちをもつことができました。伝統行事のよさを様々な視点から発表することができました。現

◎伝統行事を大切にしようと考え，自分ができることを進んで実践しようとする意欲があります。今までの自分を振り返り，自分と伝統行事の関わりについて見つめ直せました。現

○伝統文化に興味をもち，大切に守っていこうとする気持ちをもつことができました。伝統行事のよさを自分の地域の行事と重ねて，発見することができました。現

☆地域の行事を支えるゲストティチャーの話をしっかり聞き，質問をすることができました。地域のよさに気付き，地域の行事について，関心が高まりつつあります。

他国の人々や文化に親しみ，関心をもつこと。

C 国際理解，国際親善

他国の人々や多様な文化を理解するとともに，日本人としての自覚や国際理解と親善の心をもつことに関する内容項目である。

（文部科学省「解説」より）

他国の文化への興味が出てくる時期です。文化の共通点や相違点を楽しみながら学び，他国の文化に理解を深め，自国と他国のつながりや関係に目を向けさせましょう。

評価のキーワード
- 他国の文化に親しむ
- 多様な文化を理解する
- 文化のつながりに目を向ける
- 他国の人々に親しむ

他国の文化に親しむ

◎「〇〇〇〇」の学習では，他国の人々や文化に関心をもち，他国のよさに気付くことができました。自国の文化と他国の文化との共通点や相違点などを調べようとする意欲の高まりを感じました。**現**

◎他国の文化について，グループ学習で様々な視点から意見を述べ，考えをまとめることができました。今までの自分を振り返り，他国の人々に対して，より積極的に関わろうとする態度が見られました。**現**

〇「〇〇〇〇」の学習では，他国の文化と自国の文化を比べることで，両方の文化のよさに気付くことができました。文化の共通点や相違点などに興味をもつことができました。**現**

☆他国の文化に興味をもち，そのよさをワークシートにたくさん書き，グループで発表することができました。他国の文化や人々への関心が高まってきています。**現**

多様な文化を理解する

◎「〇〇〇〇」の学習では，自分たちの身の回りに我が国以外の多様な文化があることや，それらの文化の特徴などについて理解しました。他国への関心が高まっています。**現**

◎多様な文化を理解し，そのよさを自分たちの生活にも取り入れようとする態度が見られます。これからの生活の中で，多様な他国の文化を理解しようとする気持ちが高まっています。**現**

〇「〇〇〇〇」の学習では，世界には多様な文化の違いや共通点があることに気付くことができました。様々な国の多様な文化について，自分の考えをまとめることができました。**現**

☆多様な文化について，自分なりの考えをワークシートに書くことができました。これからの生活の中で，他国の文化や人々を受け入れていこうとする気持ちが育ってきています。**現**

文化のつながりに目を向ける

◎「○○○○」の学習では，自国の文化と他国の文化のつながりや関係を理解しました。これからの生活の中で他国のものに目を向け，更に調べようとする気持ちをもつことができました。現

◎文化のつながりを意識してその特徴を様々な視点からまとめることができました。これからの生活の中で，外国とのつながりを大切にしようとする思いが深まりました。現

○「○○○○」の学習では，主人公に共感し，積極的に発言することができました。自国の文化と他国の文化のつながりや関係に目を向け，そのよさに気付くことができました。現

☆主人公と自分を重ね，グループの中でも自分の意見をしっかり言うことができました。日本と外国の文化の違いを知るとともに，外国の文化とのつながりに興味が高まりつつあります。現

他国の人々に親しむ

◎「○○○○」の学習では，他国の人々もそれぞれの文化に愛着をもって生活していることを理解しました。これからの生活の中で，より他国の文化と親しもうとする姿勢が身に付いています。現

◎自国と他国の文化の共通点と相違点を明らかにすることができました。他国の人々に関心をもち，進んで関わったり，親しもうとしたりする気持ちが高まっています。現

○「○○○○」の学習では，他国の人々はそれぞれの文化に愛着をもって生活していることに気付くことができました。他国に対する自分の考えをまとめることができました。現

☆他国の人々の生活の様子やその特徴について，自分なりの意見を言うことができました。他国について知りたいという気持ちが高まってきています。現

D 生命の尊さ
生命の尊さを知り，生命あるものを大切にすること。

生命ある全てのものをかけがえのないものとして尊重し，大切にすることに関する内容項目である。

（文部科学省「解説」より）

死を理解できるようになる時期です。命のかけがえのなさ，受け継がれる命など，生命を多面的に考え，その尊さを実感させていきましょう。

評価のキーワード
- 生命の尊さを知る
- 生きることのすばらしさについて考える
- 受け継がれる命の不思議さに気付く
- 一生懸命に生きる

生命の尊さを知る

◎「〇〇〇〇」の学習では，主人公の気持ちに共感し，一つしかない生命の尊さに気付くことができました。これからは，自他の生命を大切にしようとする気持ちが高まりました。

◎いじめられている主人公を通して，一つしかない生命の尊さに気付くことができました。今までの自分を振り返ることで，いじめに対しての考えを変えることができました。 **い**

○「〇〇〇〇」の学習を通して，自分と同様に生命あるもの全てを尊いものとして大切にしようとする気持ちをもつことができました。自分の考えをグループで発表することができました。

☆一生懸命に生きる主人公に共感し，自分の考えをワークシートにまとめることができました。生命を大切にしようとする気持ちが育ってきています。

生きることのすばらしさについて考える

◎「〇〇〇〇」の学習では，生命は祖先から受け継がれた雄大なものであることを理解しました。生きることのすばらしさについて様々な視点から考えることができました。

◎教材を通して，生命は多くの人々の支えによって守られ，育まれている尊いものであることを再確認しました。生きることのすばらしさについて考えを深めることができました。

○役割演技を通して登場人物の心情を考えることで，生きることのすばらしさを実感することができました。生きることについて自分の考えをまとめることができました。 **体**

☆生きることのすばらしさについて，友達とグループで話し合うことができました。今までの自分を振り返り，生きることについて自分なりの考えをもちつつあります。

受け継がれる命の不思議さに気付く

◎「〇〇〇〇」の学習では，生命は遠い先祖から受け継がれてきたものであるという不思議さや雄大さに気付きました。これからは，全ての生命を大切にしようとする気持ちをもつことができました。

◎自分と同じように友達の生命も，多くの人に支えられて守られていることを理解しました。受け継がれる全ての生命を大切にしようとする思いが深まりました。

○「〇〇〇〇」の学習では，主人公に共感して，自分の考えを発表することができました。これからは，受け継がれている命を大切にしながら生活しようという気持ちがもてました。

☆自分たちの生命が，昔からのたくさんの人々から受け継がれてきたことに驚いていました。自分や友達の命を大切にしようという気持ちが育ってきています。

一生懸命に生きる

◎「〇〇〇〇」の学習では，自分と同じように友達の生命も，多くの人に支えられて守られていることを知りました。今後は，いつでも一生懸命に生きようとする気持ちが高まりました。

◎生命は唯一無二の尊いもので，自分一人のものではなく多くの人々の支えによって守られ，育まれていることに気付きました。一生懸命に生きようとする気持ちをもつことができました。

○自分の生命が多くの人の支えによって大切にされていることについて考えました。今までの自分を振り返り，一生懸命生きようとする気持ちをもつことができました。

☆一生懸命に生きる主人公の生き方に自分を重ねることができました。生きることについて，友達の意見を聞いて，自分の考えがより深く変わり始めています。

D 主として生命や自然、崇高なものとの関わりに関すること

D 自然愛護
自然のすばらしさや不思議さを感じ取り，自然や動植物を大切にすること。

自分たちを取り巻く自然環境を大切にしたり，動植物を愛護したりすることに関する内容項目である。

（文部科学省「解説」より）

環境保全についても理解ができてくる時期です。自分と自然との関わり，自分が自然のためにできることを考えられるとよいですね。

評価のキーワード
- 自然を大切にする
- 自然愛護の気持ちをもつ
- 動植物愛護の気持ちをもつ
- 環境保全に関心をもつ
- 自然のもつ美しさやすばらしさを感じる

自然を大切にする

◎「○○○○」の授業を通して，自然やその中に生きる動植物を大切にすることで自分たちの命も守られることに気付くことができました。自然に対する意識が高まっています。【現】

◎自然を大切にするには，人との関わりが重要であることに気付きました。自然を守るためには，自分ができることから始めることが大切だとよく理解しています。【現】

○「○○○○」の授業を通して，自然やその中に生きる動植物を大切にしなければならないことに気付き，自然を大切にする手立てについて自分の考えをまとめることができました。【現】

☆自然を大切にするにはどうすればよいのか，積極的に発言することができました。身近な自然にも興味を示し，自然に対する関心が高まりつつあります。【現】

自然愛護の気持ちをもつ

◎「○○○○」の学習で，自然愛護の気持ちをもつことの大切さに気付き，身近なところから自分たちにできることを考えました。自然を大切にしようとする気持ちをもっています。【現】

◎自然愛護について，様々な立場，視点から考えを深めることができました。今までの自分を振り返り，どうすれば自然を守れるのか，自然愛護の思いが高まってきています。【現】

○教材の主人公に共感し，積極的に主人公の気持ちを発表していました。自然愛護の気持ちをこれからの自分の生活に役立てようという気持ちをもつことができました。【現】

☆教材を通して，自然のすばらしさを十分に感じ取ることができています。自然愛護に向けて，自分のできるところから始めようとする心が育ってきています。【現】

動植物愛護の気持ちをもつ

◎「〇〇〇〇」の学習で，今までの自分と動植物の関わりを振り返ることができました。ペットを飼うにあたっては，動植物愛護の気持ちを最後までしっかりもつことを主張できました。現

◎教材の主人公の動物との関わり方を通して，自分ならどう関わっていくのか，深く考えることができました。人と動物のより良い関係についてよく理解しています。現

○動植物愛護の気持ちをもって，身近な動物や植物を大切に育てようとする気持ちを発表することができました。人と動植物との関わりについて考えをまとめることができました。現

☆動植物を大切にするにはどうしたらよいのか，主人公の失敗を通して，自分の考えをまとめることができました。動植物を大切にしようとする心が育ってきています。現

自然のもつ美しさやすばらしさを感じる

◎「〇〇〇〇」の授業を通して，自然のもつ美しさやすばらしさを知り，そこに生きる動植物や人間の生命について考えを深めることができました。自然のすばらしさに感動する心をもっています。

◎自然のもつ美しさやすばらしさを素直に受け入れる心をもっています。自然を守るために自分ができることをするとともに，みんなに呼びかけていく大切さに気付くことができました。現

○自然の美しさについて自分の考えを発表できました。自然に親しみながら自然のもつ美しさやすばらしさを感得しようとする気持ちをもつことができました。

☆自然のもつすばらしさについて，友達とグループで話し合うことができました。自然と人との関わりについて，ワークシートに考えをまとめることができました。

環境保全に関心をもつ

◎「〇〇〇〇」の授業を通して，自然環境を守るためには，自分ができることについて考えることが大切だと気付きました。自分ができることから始めようとする意気込みが感じられます。現

◎自分たちの身の周りの環境を振り返ることで，環境保全について関心が高まってきています。環境保全の必要性を理解し，具体的な手立てを考えることができました。現

○「〇〇〇〇」の授業では，人と自然環境の関わりについて，グループで話し合うことができました。環境保全について自分なりの考えをもっています。現

☆環境保全に対して，今までの自分を振り返りワークシートにまとめることができました。友達の考えにも耳を傾け，環境保全に対する意識が高まりつつあります。現

D 感動，畏敬の念
美しいものや気高いものに感動する心をもつこと。

美しいものや崇高なもの，人間の力を超えたものとの関わりにおいて，それらに感動する心や畏敬の念をもつことに関する内容項目である。

（文部科学省「解説」より）

ものやこととしての美しさのほかに，人の気高さにも気付くようになります。感性や知性がぐんぐん伸びる時期ですので，その感受性を大切にするよう励ましていきましょう。

評価のキーワード
- 美しいものに感動する
- 気高いものに感動する
- 想像する力や感じる力を豊かにする
- 素直に感動する心をもつ
- 感じ取る心をもつ

美しいものに感動する

◎「〇〇〇〇」の学習を通して，美しいものを意欲的に見つけ，感動したことを分かりやすく表現することができました。美しいものを受け入れる心をもっています。

◎すがすがしい心，清らかな心をもつことは，人にとって大切なことだと気付くことができました。その心を日常生活まで広げようとする気持ちが高まっています。

〇「〇〇〇〇」の学習では，積極的に発言することができました。自然や音楽，物語など美しいものに触れ，感動する心をもつことができました。

☆美しいものに対して，自分の経験を想起して事柄を挙げることができました。これからの生活の中で，美しいものを大切にしようとする心が育ちつつあります。

気高いものに感動する

◎「〇〇〇〇」の授業を通して，主人公の生き方に感動し，人の心や生き物の行動の気高さに気付くことができました。自分の感じ取る心を大切にしようとする気持ちが育っています。

◎教材の主人公の生き方に共感し，人の心の気高さに感動することができました。今までの自分を振り返り，よりよい自分になろうとする意欲が見られました。

〇教材の主人公の気持ちを考えることで，自然の美しさや気高いものに感動する心をもつことができ，それをワークシートにまとめることができました。

☆教材の主人公の行動の気高さに感動し，気高いものに対して意識が変わり，自分もそうなりたいと発言することができました。よりよい自分になろうとする心が育ちつつあります。

想像する力や感じる力を豊かにする

◎「○○○○」の学習では，想像する力や感じる力を養い，それらを生かしてよりよく生きようとする気持ちをもつことができました。これからの生活に生かそうとする気持ちが表れています。

◎「主人公と同じ心をもっていませんか」との問いかけに，友達や自分の中にも同じ心があることに気付くことができました。想像する心や感じる力が十分に育っています。

○「○○○○」の学習で，主人公の生き方・考え方を話し合うことで，想像する力や感じる力の大切さに気付くことができました。自分もそうなりたいと思っています。

☆教材の主人公の行動から，人には想像する力や感じ取る力があり，それが人をよりよいものにすることが分かりつつあります。振り返りもしっかり書くことができました。

感じ取る心をもつ

◎「○○○○」の授業を通して，人の心の気高さを感じ取る心の大切さに気付くことができました。今までの自分を振り返って，自分の伸ばすべき心を分かっています。

◎教材の主人公と自分の共通点を見つけて，清らかな考え方・感じ方を想像することができました。友達の考えをよく聞き，いろいろな視点から考えをまとめることができます。

○自然の美しさや人の心の気高さなどを感じ取る心をもっている自分に気付くことができました。美しさや気高さについて，自分の考えをワークシートにまとめることができました。

☆教材の主人公の行動を話し合う際に，しっかりと自分の考えを発表することができました。自分をしっかり見つめる中で，感じ取る心の大切さを徐々に理解してきています。

素直に感動する心をもつ

◎「○○○○」の授業を通して，自然のもつ美しさに触れ，素直に感動する心をもつことができました。そして，その心を更に深めていこうとすることができました。

◎教材の主人公の心の美しさに素直に感動し，自分もそのような心をもとうとしています。人の行為を通して，心を見る目が育っています。

○「○○○○」の授業を通して，自然のもつ美しさに触れ，素直に感動する心をもつことができました。自分の考えをグループ内ではっきりと発言することができました。

☆教材を読んだあと，「どうしてこんなことができるんだろう」と素直に感動することができました。美しいものはすばらしいと感じる心が育ってきています。

D 主として生命や自然，崇高なものとの関わりに関すること

通知表の総合所見は，道徳科を含んだ各教科，外国語活動，特別活動など全教育活動において，子どもたちが学んだことが言動となって表れた姿を個人内評価として記入します。つまり，道徳科の評価ではなく，道徳教育の評価といってよいでしょう。

総合所見も子どもたちのよさに注目して記入することが基本です。自己評価や相互評価を生かしつつ，自分のよさを子どもたちが実感できるような文章にしましょう。そして，通知表の行動の欄の「基本的な生活習慣」「責任感」などの項目の評価と対応させるのが望ましいです。

善悪の判断，自律，自由と責任

◎様々な状況においてそれが正しい行動かよく考えることの大切さを学んだことを生かし，周囲の状況をよく見て，時と場にふさわしい行動を友達に促していました。

◎状況をよく考え，正しい行動かどうか判断することの大切さを学んだあと，どの学習でも休み時間との区別を付け，集中して学んでいます。

正直，誠実

◎道徳科の学習を通して，過ちを認め，行動を改善していくことの大切さに気付きました。常に自分の行動を振り返り，よりよい生活ができるように考えて行動しています。

◎道徳科の学習で，みんなが明るい心で生活できることのすばらしさを感じたあと，友達とよりよい関係を築きながら，伸び伸びと学校生活を楽しんでいます。

節度，節制

◎体育係として自分で考えて行動し，体育で使う道具の用意や準備運動を進んで行うことができました。

◎道徳科の学習で，自分で考えて行動することの大切さを学んだことを生かし，校外学習ではリーダーとして時間や安全に気を付けながら行動することができました。

個性の伸長

◎道徳科の学習を通して気付いた自分の長所「リーダーシップ」を生かし，校外学習では時間を気にしながらグループのメンバーに次の行動を促していました。

◎自分の長所を伸ばしたいという気持ちをもち，得意な鉄棒の新しい技を習得しようと，休み時間などに熱心に練習していました。

第3章　中学年の所見＊文例集＊

希望と勇気，努力と強い意志

◎体育の鉄棒の学習では，目標に向かって粘り強く取り組んでいました。難しい技にもあきらめずに挑戦し，できるようになりました。

◎道徳科の学習を通して，目標を実現するためには継続した努力が大切であることを理解したあと，繰り返し漢字の復習をし，新出漢字を確実に覚えています。

親切，思いやり

◎道徳科の学習で学んだあと，相手のことを思いやり，進んで親切にすることを実践しています。困っている友達がいると，いつもそばに行って優しく声をかけていました。

◎異学年交流では，相手の状況や気持ちを考えて関わろうと，下級生の立場に立って優しく話しかけながら遊んでいました。

感謝

◎地域に住む人たちのおかげで，地域行事が行われていることに気付き，学校で地域の方に会ったときに感謝の気持ちを伝えていました。

◎いつも登下校の安全を見守ってくれている地域の方のありがたさに気付き，登下校で地域の方に会ったとき，感謝の気持ちを伝えていました。

礼儀

◎相手や場に応じた言葉遣いの大切さを学び，地域の人や校外学習の見学先の人たちに対して，敬語を使って礼儀正しく話すことができました。

◎よりよい挨拶の仕方について学び，毎朝教室で友達と笑顔で挨拶したり，廊下で会った先生たちに礼儀正しく挨拶したりすることができました。

総合所見

友情，信頼

◎友達と互いに理解し，助け合うことの大切さを学びました。席替えをしたときは，自分から積極的に友達に話しかけ，よい関係を築いていました。

◎友達とよりよい関係を築きながら助け合うことの大切さを学び，困っている友達がいると優しく寄り添って声をかけていました。

相互理解，寛容

◎自分と異なる意見も大切にすることを学び，学級の話し合いでは，友達の意見をよく聞いたうえで自分の考えをしっかりと伝えていました。

◎自分の思いを相手にしっかり伝えることの大切さに気付き，どの学習でも積極的に手を挙げ，自分の考えを分かりやすく伝える工夫をしていました。

75

規則の尊重

◎集団生活の中で常に約束やきまりの大切さ
　を考えて行動し，クラスのルールなどをき
　ちんと守り，よりよい人間関係を築こうと
　していました。

◎校外学習では，公共の場所での過ごし方に
　気を付け，次に使う人のことを考えて行動
　していました。

公正，公平，社会正義

◎誰に対しても分け隔てをせず，公平な態度
　で接することができ，多くの友達から慕わ
　れています。

◎分け隔てなく接することを心掛け，チーム
　分けをするときは公平になるように考えて
　行動していました。

勤労，公共の精神

◎係や当番の仕事では，その一員としてみん
　なと力を合わせて，進んで働こうとする意
　欲的な面が見られました。

◎自分の役割を自覚し，みんなのためにでき
　ることを最後までやり遂げることができま
　した。

家族愛，家庭生活の充実

◎家族の一員として，進んで手伝いをしたり，
　協力したりしていました。家族に感謝し，
　家族を大切に考えています。

◎家庭生活の中で，父母や祖父母のおかげで
　自分がいるということに気付き，家族に敬
　愛の念をもち，積極的に関わろうとしてい
　る様子が見られました。

よりよい学校生活，集団生活の充実

◎学年や学校の行事などで積極的に役（実
　行委員，リーダーなど）に立候補し，立派
　な態度でその大役をやり遂げることがで
　きました。

◎学校の先生方や地域の方に感謝と敬愛の気
　持ちをもち，「ありがとうございます」や「お
　願いします」などの挨拶をていねいにする
　ことができました。

伝統と文化の尊重，国や郷土を愛する態度

◎地域の行事や伝統文化に触れることで，積
　極的に関わろうとする気持ちをもち，それ
　らを大切に守ろうとしていました。

◎地域の方による「歴史講話」や「地域の行
　事」などに進んで参加し，そのよさをみん
　なに分かりやすく伝えていました。

国際理解，国際親善

◎外国語活動では，道徳科での学習を生かして，多様な文化を理解しながら，親しみをもって活動していました。

◎世界の国の音楽や料理などに興味をもち，他国の文化を受け入れながら自分たちの生活にも取り入れようと工夫していました。

生命の尊さ

◎生命の尊さを理解し，自分と同様に生命あるもの全てを大切にして，毎日の生活を一生懸命に過ごしていこうとしていました。

◎けがや病気になることなく，生命を大切にして過ごしていました。また，けがや病気の友達に対しても心配しながら接していました。

自然愛護

◎自然や動植物を大切にしながら，環境保全のために自分のできることを考え，積極的に実行しようとしていました。

◎動植物の観察を熱心にしながら大切に世話したり，自然環境を守るためにクラスのみんなにエコを呼びかけたりと意欲的な態度が見られました。

感動，畏敬の念

◎美しいものや気高いものに触れ，感動したことを素直に表現していました。その心を大切にしている姿に成長を感じます。

◎真っ赤に染まる夕日を見て感動したり，美しく咲いた花を見て感動したりと，自然の美しさに意識的に触れることで，感性を磨いていくことができました。

資料

小学校学習指導要領解説 特別の教科 道徳編

第5章 道徳科の評価

第1節 道徳科における評価の意義

（「第3章 特別の教科 道徳」の「第3 指導計画の作成と内容の取扱い」の4）
　児童の学習状況や道徳性に係る成長の様子を継続的に把握し，指導に生かすよう努める必要がある。ただし，数値などによる評価は行わないものとする。

1　道徳教育における評価の意義

　学習における評価とは，児童にとっては，自らの成長を実感し意欲の向上につなげていくものであり，教師にとっては，指導の目標や計画，指導方法の改善・充実に取り組むための資料となるものである。

　教育において指導の効果を上げるためには，指導計画の下に，目標に基づいて教育実践を行い，指導のねらいや内容に照らして児童の学習状況を把握するとともに，その結果を踏まえて，学校としての取組や教師自らの指導について改善を行うサイクルが重要である。

　道徳教育における評価も，常に指導に生かされ，結果的に児童の成長につながるものでなくてはならない。「第1章 総則」の「第3 教育課程の実施と学習評価」の2の(1)では，「児童のよい点や進歩の状況などを積極的に評価し，学習したことの意義や価値を実感できるようにすること」と示しており，他者との比較ではなく児童一人一人のもつよい点や可能性などの多様な側面，進歩の様子などを把握し，年間や学期にわたって児童がどれだけ成長したかという視点を大切にすることが重要であるとしている。道徳教育においてもこうした考え方は踏襲されるべきである。

　このことから，学校の教育活動全体を通じて行う道徳教育における評価については，教師が児童一人一人の人間的な成長を見守り，児童自身の自己のよりよい生き方を求めていく努力を評価し，それを勇気付ける働きをもつようにすることが求められる。そして，それは教師と児童の温かな人格的な触れ合いに基づいて，共感的に理解されるべきものである。

2　道徳科における評価の意義

　「第3章 特別の教科 道徳」の第3の4において，「児童の学習状況や道徳性に係る成長の様子を継続的に把握し，指導に生かすよう努める必要がある。ただし，数値などによる評価は行わないものとする」と示している。これは，道徳科の評価を行わないとしているのではない。道徳科において養うべき道徳性は，児童の人格全体に関わるものであり，数値などによって不用意に評価してはならないことを特に明記したものである。したがって，教師は道徳科においてもこうした点を踏まえ，それぞれの授業における指導のねらいとの関わりにおいて，児童の学習状況や道徳性に係る成長の様子を様々な方法で捉えて，個々の児童の成長を促すとともに，それによって自らの指導を評価し，改善に努めることが大切である。

資料 小学校学習指導要領解説 特別の教科 道徳編 第5章 道徳科の評価

第2節　道徳科における児童の学習状況及び成長の様子についての評価

1　評価の基本的態度

　道徳科は，道徳教育の目標に基づき，各教科，外国語活動，総合的な学習の時間及び特別活動における道徳教育と密接な関連を図りながら，計画的，発展的な指導によって道徳性を養うことがねらいである。

　道徳性とは，人間としてよりよく生きようとする人格的特性であり道徳的判断力，道徳的心情，道徳的実践意欲及び態度を諸様相とする内面的資質である。このような道徳性が養われたか否かは，容易に判断できるものではない。

　しかし，道徳性を養うことを学習活動として行う道徳科の指導では，その学習状況や成長の様子を適切に把握し評価することが求められる。児童の学習状況は指導によって変わる。道徳科における児童の学習状況の把握と評価については，教師が道徳科における指導と評価の考え方について明確にした指導計画の作成が求められる。道徳性を養う道徳教育の要である道徳科の授業を改善していくことの重要性はここにある。

　道徳科で養う道徳性は，児童が将来いかに人間としてよりよく生きるか，いかに諸問題に適切に対応するかといった個人の問題に関わるものである。このことから，小学校の段階でどれだけ道徳的価値を理解したかなどの基準を設定することはふさわしくない。

　道徳性の評価の基盤には，教師と児童との人格的な触れ合いによる共感的な理解が存在することが重要である。その上で，児童の成長を見守り，努力を認めたり，励ましたりすることによって，児童が自らの成長を実感し，更に意欲的に取り組もうとするきっかけとなるような評価を目指すことが求められる。なお，道徳性は，極めて多様な児童の人格全体に関わるものであることから，評価に当たっては，個人内の成長の過程を重視すべきである。

2　道徳科における評価

（1）道徳科に関する評価の基本的な考え方

　道徳科の目標は，道徳的諸価値の理解を基に，自己を見つめ，物事を多面的・多角的に考え，自己の生き方についての考えを深める学習を通して，道徳的な判断力，心情，実践意欲及び態度を育てることであるが，道徳性の諸様相である道徳的な判断力，心情，実践意欲と態度のそれぞれについて分節し，学習状況を分析的に捉える観点別評価を通じて見取ろうとすることは，児童の人格そのものに働きかけ，道徳性を養うことを目標とする道徳科の評価としては妥当ではない。

　授業において児童に考えさせることを明確にして，「道徳的諸価値についての理解を基に，自己を見つめ，物事を多面的・多角的に考え，自己の生き方についての考えを深める」という目標に掲げる学習活動における児童の具体的な取組状況を，一定のまとまりの中で，児童が学習の見通しを立てたり学習したことを振り返ったりする活動を適切に設定しつつ，学習活動全体を通して見取ることが求められる。

　その際，個々の内容項目ごとではなく，大くくりなまとまりを踏まえた評価とすることや，他の児童との比較による評価ではなく，児童がいかに成長したかを積極的に受け止めて認め，励ます個人内評価として記述式で行うことが求められる。

　道徳科の内容項目は，道徳科の指導の内容を構成するものであるが，内容項目について単に知識として観念的に理解させるだけの指導や，特定の考え方に無批判に従わせるような指導であってはならない。内容項目は，道徳性を養う手掛かりとなるものであり，内容項目に含まれる道徳的諸価値の理解を基に，自己を見つめ，物事を多面的・多角的に考え，自己の生き方についての考えを深める学習を通して，「道徳性を養う」ことが道徳科の目標である。このため，道徳科の学習状況の評価に当たっては，道徳科の学習活動に着目し，年間や学期といった一定の時間的なまとまりの中で，児童の学習状況や道徳性に係る成長の様子を把握する必要がある。

資料

79

こうしたことを踏まえ，評価に当たっては，特に，学習活動において児童が道徳的価値やそれらに関わる諸事象について他者の考え方や議論に触れ，自律的に思考する中で，一面的な見方から多面的・多角的な見方へと発展しているか，道徳的価値の理解を自分自身との関わりの中で深めているかといった点を重視することが重要である。このことは道徳科の目標に明記された学習活動に着目して評価を行うということである。道徳科では，児童が「自己を見つめ」「多面的・多角的に」考える学習活動において，「道徳的諸価値の理解」と「自己の生き方についての考え」を，相互に関連付けることによって，深い理解，深い考えとなっていく。こうした学習における一人一人の児童の姿を把握していくことが児童の学習活動に着目した評価を行うことになる。

なお，道徳科においては，児童自身が，真正面から自分のこととして道徳的価値に多面的・多角的に向き合うことが重要である。また，道徳科における学習状況や道徳性に係る成長の様子の把握は，児童の人格そのものに働きかけ，道徳性を養うという道徳科の目標に照らし，児童がいかに成長したかを積極的に受け止めて認め，励ます視点から行うものであり，個人内評価であるとの趣旨がより強く要請されるものである。これらを踏まえると，道徳科の評価は，選抜に当たり客観性・公平性が求められる入学者選抜とはなじまないものであり，このため，道徳科の評価は調査書には記載せず，入学者選抜の合否判定に活用することのないようにする必要がある。

（2）個人内評価として見取り，記述により表現することの基本的な考え方

道徳科において，児童の学習状況や道徳性に係る成長の様子をどのように見取り，記述するかということについては，学校の実態や児童の実態に応じて，教師の明確な意図の下，学習指導過程や指導方法の工夫と併せて適切に考える必要がある。

児童が一面的な見方から多面的・多角的な見方へと発展させているかどうかという点については，例えば，道徳的価値に関わる問題に対する判断の根拠やそのときの心情を様々な視点から捉え考えようとしていることや，自分と違う立場や感じ方，考え方を理解しようとしていること，複数の道徳的価値の対立が生じる場面において取り得る行動を多面的・多角的に考えようとしていることを発言や感想文，質問紙の記述等から見取るという方法が考えられる。

道徳的価値の理解を自分自身との関わりの中で深めているかどうかという点についても，例えば，読み物教材の登場人物を自分に置き換えて考え，自分なりに具体的にイメージして理解しようとしていることに着目したり，現在の自分自身を振り返り，自らの行動や考えを見直していることがうかがえる部分に着目したりするという視点も考えられる。また，道徳的な問題に対して自己の取り得る行動を他者と議論する中で，道徳的価値の理解を更に深めているかや，道徳的価値の実現することの難しさを自分のこととして捉え，考えようとしているかという視点も考えられる。

また，発言が多くない児童や考えたことを文章に記述することが苦手な児童が，教師や他の児童の発言に聞き入ったり，考えを深めようとしたりしている姿に着目するなど，発言や記述ではない形で表出する児童の姿に着目するということも重要である。

さらに，年間や学期を通じて，当初は感想文や質問紙に，感想をそのまま書いただけであった児童が，学習を重ねていく中で，読み物教材の登場人物に共感したり，自分なりに考えを深めた内容を書くようになったりすることや，既習の内容と関連付けて考えている場面に着目するなど，1単位時間の授業だけでなく，児童が一定の期間を経て，多面的・多角的な見方へと発展していたり，道徳的価値の理解が深まったりしていることを見取るという視点もある。

ここに挙げた視点はいずれについても例示であり，指導する教師一人一人が，質の高い多様な指導方法へと指導の改善を行い学習意欲の向上に生かすようにするという道徳科の評価の趣旨を理解した上で，学校の状況や児童一人一人の状況を踏まえた評価を工夫することが求められる。

資料 小学校学習指導要領解説 特別の教科 道徳編 第5章 道徳科の評価

（3）評価のための具体的な工夫

　道徳科における学習状況や道徳性に係る成長の様子を把握するに当たっては，児童が学習活動を通じて多面的・多角的な見方へ発展させていることや，道徳的価値の理解を自分との関わりで深めていることを見取るための様々な工夫が必要である。

　例えば，児童の学習の過程や成果などの記録を計画的にファイルに蓄積したものや児童が道徳性を養っていく過程での児童自身のエピソードを累積したものを評価に活用すること，作文やレポート，スピーチやプレゼンテーションなど具体的な学習の過程を通じて児童の学習状況や道徳性に係る成長の様子を把握することが考えられる。

　なお，こうした評価に当たっては，記録物や実演自体を評価するのではなく，学習過程を通じていかに道徳的価値の理解を深めようとしていたか，自分との関わりで考えたかなどの成長の様子を見取るためのものであることに留意が必要である。

　また，児童が行う自己評価や相互評価について，これら自体は児童の学習活動であり，教師が行う評価活動ではないが，児童が自身のよい点や可能性に気付くことを通じ，主体的に学ぶ意欲を高めることなど，学習の在り方を改善していくことに役立つものであり，これらを効果的に活用し学習活動を深めていくことも重要である。発達の段階に応じて，年度当初に自らの課題や目標を捉えるための学習を行ったり，年度途中や年度末に自分自身を振り返る学習を工夫したりすることも考えられる。

　さらに，指導のねらいに即して，校長や教頭などの参加，他の教師と協力的に授業を行うといった取組も効果的である。管理職をはじめ，複数の教師が一つの学級の授業を参観することが可能となり，学級担任は，普段の授業とは違う角度から児童の新たな一面を発見することができるなど，児童の学習状況や道徳性に係る成長の様子をより多面的・多角的に把握することができるといった評価の改善の観点からも有効であると考えられる。

（4）組織的，計画的な評価の推進

　道徳科の評価を推進するに当たっては，学習評価の妥当性，信頼性等を担保することが重要である。そのためには，評価は個々の教師が個人として行うのではなく，学校として組織的・計画的に行われることが重要である。

　例えば，学年ごとに評価のために集める資料や評価方法等を明確にしておくことや，評価結果について教師間で検討し評価の視点などについて共通理解を図ること，評価に関する実践事例を蓄積し共有することなどが重要であり，これらについて，校長及び道徳教育推進教師のリーダーシップの下に学校として組織的・計画的に取り組むことが必要である。校務分掌の道徳部会や学年会あるいは校内研修会等で，道徳科の指導記録を分析し検討するなどして指導の改善に生かすとともに，日常的に授業を交流し合い，全教師の共通理解のもとに評価を行うことが大切である。

　また，校長や教頭などの授業参加や他の教師との協力的な指導，保護者や地域の人々，各分野の専門家等の授業参加などに際して，学級担任以外からの児童の学習状況や道徳性に係る成長の様子について意見や所感を得るなどして，学級担任が児童を多面的・多角的に評価したり，教師自身の評価に関わる力量を高めたりすることも大切である。

　なお，先に述べた，校長や教頭などの参加，他の教師と協力的に授業を行うといった取組は，児童の変容を複数の目で見取り，評価に対して共通認識をもつ機会となるものであり，評価を組織的に進めるための一つの方法として効果的であると考えられる。

　このような，組織的・計画的な取組の蓄積と定着が，道徳科の評価の妥当性，信頼性等の担保につながる。また，こうしたことが，教師が道徳科の評価に対して自信を持って取り組み，負担感を軽減することにもつながるものと考えられる。

81

（5）発達障害等のある児童や海外から帰国した児童，日本語習得に困難のある児童等に対する配慮

　発達障害等のある児童に対する指導や評価を行う上では，それぞれの学習の過程で考えられる「困難さの状態」をしっかりと把握した上で必要な配慮が求められる。

　例えば，他者との社会的関係の形成に困難がある児童の場合であれば，相手の気持ちを想像することが苦手で字義通りの解釈をしてしまうことがあることや，暗黙のルールや一般的な常識が理解できないことがあることなど困難さの状況を十分に理解した上で，例えば，他者の心情を理解するために役割を交代して動作化，劇化したり，ルールを明文化したりするなど，学習過程において想定される困難さとそれに対する指導上の工夫が必要である。

　そして，評価を行うに当たっても，困難さの状況ごとの配慮を踏まえることが必要である。前述のような配慮を伴った指導を行った結果として，相手の意見を取り入れつつ自分の考えを深めているかなど，児童が多面的・多角的な見方へ発展させていたり道徳的価値を自分のこととして捉えていたりしているかといったことを丁寧に見取る必要がある。

　発達障害等のある児童の学習状況や道徳性に係る成長の様子を把握するため，道徳的価値の理解を深めていることをどのように見取るのかという評価資料を集めたり，集めた資料を検討したりするに当たっては，相手の気持ちを想像することが苦手であることや，望ましいと分かっていてもそのとおりにできないことがあるなど，一人一人の障害により学習上の困難さの状況をしっかりと踏まえた上で行い，評価することが重要である。

　道徳科の評価は他の児童との比較による評価や目標への到達度を測る評価ではなく，一人一人の児童がいかに成長したかを積極的に受け止めて認め，励ます個人内評価として行うことから，このような道徳科の評価本来の在り方を追究していくことが，一人一人の学習上の困難さに応じた評価につながるものと考えられる。

　なお，こうした考え方は，海外から帰国した児童や外国人の児童，両親が国際結婚であるなどのいわゆる外国につながる児童について，一人一人の児童の状況に応じた指導と評価を行う上でも重要である。これらの児童の多くは，外国での生活や異文化に触れてきた経験などを通して，我が国の社会とは異なる言語や生活習慣，行動様式を身に付けていると考えられる。また，日本語の理解が不十分なために，他の児童と意見を伝え合うことなどが難しかったりすることも考えられる。それぞれの児童の置かれている状況に配慮した指導を行いつつ，その結果として，児童が多面的・多角的な見方へと発展させていたり道徳的価値を自分のこととして捉えていたりしているかといったことを，丁寧に見取ることが求められる。その際，日本語を使って十分に表現することが困難な児童については，発言や記述以外の形で見られる様々な姿に着目するなど，より配慮した対応が求められる。

第3節　道徳科の授業に対する評価

1　授業に対する評価の必要性

　学習指導要領「第1章 総則」には，教育課程実施上の配慮事項として，「児童のよい点や進歩の状況などを積極的に評価し，学習したことの意義を実感できるようにすること。また，各教科等の目標の実現に向けた学習状況を把握する観点から，単元や題材など内容や時間のまとまりを見通しながら評価の場面や方法を工夫して，学習の過程や成果を評価し，指導の改善や学習意欲の向上を図り，資質・能力の育成に生かすようにすること」として学習評価を指導の改善につなげることについての記述がある。

　道徳科においても，教師が自らの指導を振り返り，指導の改善に生かしていくことが大切であり，授業の評価を改善につなげる過程を一層重視する必要がある。

資料 小学校学習指導要領解説 特別の教科 道徳編 第5章 道徳科の評価

2 授業に対する評価の基本的な考え方

　児童の学習状況の把握を基に授業に対する評価と改善を行う上で，学習指導過程や指導方法を振り返ることは重要である。教師自らの指導を評価し，その評価を授業の中で更なる指導に生かすことが，道徳性を養う指導の改善につながる。

　明確な意図をもって指導の計画を立て，授業の中で予想される具体的な児童の学習状況を想定し，授業の振り返りの観点を立てることが重要である。こうした観点をもつことで，指導と評価の一体化が実現することになる。

　道徳科の学習指導過程や指導方法に関する評価の観点はそれぞれの授業によって，より具体的なものとなるが，その観点としては，次のようなものが考えられる。

　ア　学習指導過程は，道徳科の特質を生かし，道徳的価値の理解を基に自己を見つめ，自己の生き方について考えを深められるよう適切に構成されていたか。また，指導の手立てはねらいに即した適切なものとなっていたか。

　イ　発問は，児童が多面的・多角的に考えることができる問い，道徳的価値を自分のこととして捉えることができる問いなど，指導の意図に基づいて的確になされていたか。

　ウ　児童の発言を傾聴して受け止め，発問に対する児童の発言などの反応を，適切に指導に生かしていたか。

　エ　自分自身との関わりで，物事を多面的・多角的に考えさせるための，教材や教具の活用は適切であったか。

　オ　ねらいとする道徳的価値についての理解を深めるための指導方法は，児童の実態や発達の段階にふさわしいものであったか。

　カ　特に配慮を要する児童に適切に対応していたか。

3 授業に対する評価の工夫

　ア　授業者自らによる評価

　　授業者自らが記憶や授業中のメモ，板書の写真，録音，録画などによって学習指導過程や指導方法を振り返ることも大切である。録音や録画で授業を振り返ることは，今まで気付かなかった傾向や状況に応じた適切な対応の仕方などに気付くことにもなる。児童一人一人の学習状況を確かめる手立てを用意しておき，それに基づく評価を行うことも考えられる。

　イ　他の教師による評価

　　道徳科の授業を公開して参観した教師から指摘を受けたり，ティーム・ティーチングの協力者などから評価を得たりする機会を得ることも重要である。その際，あらかじめ重点とする評価項目を設けておくと，具体的なフィードバックが得られやすい。

4 評価を指導の改善に活かす工夫と留意点

　道徳科の指導は，道徳性の性格上，1単位時間の指導だけでその成長を見取ることが困難である。そのため，指導による児童の学習状況を把握して評価することを通して，改めて学習指導過程や指導方法について検討し，今後の指導に生かすことができるようにしなければならない。

　児童の道徳性を養い得る質の高い授業を創造するためには，授業改善に資する学習指導過程や指導方法の改善に役立つ多面的・多角的な評価を心掛ける必要がある。また，道徳科の授業で児童が伸びやかに自分の感じ方や考え方を述べたり，他の児童の感じ方や考え方を聞いたり，様々な表現ができたりするのは，日々の学級経営と密接に関わっている。

　道徳科における児童の道徳性に係る成長の様子に関する評価においては，慎重かつ計画的に取り組む必要がある。道徳科は，児童の人格そのものに働きかけるものであるため，その評価は安易なものであってはならない。児童のよい点や成長の様子などを積極的に捉え，それらを日常の指導や個別指導に生かしていくよう努めなくてはならない。

文部科学省「小学校学習指導要領解説　特別の教科　道徳編」より

[編著者]

道徳評価研究会

代表　尾高正浩（おだか・まさひろ）

1959年生まれ。東京学芸大学初等教育教員養成課程卒業。千葉市立園生小学校，千葉県長期研修生（道徳），打瀬小学校，千葉市教育委員会指導課，桜木小学校長，轟町小学校長，松ケ丘小学校長を経て，現在，植草学園大学非常勤講師。上級教育カウンセラー。千葉県教育研究会道徳教育部会会長。著書に，『「価値の明確化」の授業実践』（単著：明治図書），『子どもと教師の心がはずむ道徳学習』（共著：東洋館出版社），『「心のノート」とエンカウンターで進める道徳』『11の徳を教える』『すぐできる"とびっきり"の道徳授業１』『ワークシートでできる「道徳科」授業プラン』（以上，編著：明治図書）　他

[執筆者]

岡田直美	千葉市立磯辺第三小学校	校 長
森　美香	千葉大学 教育学部 教員養成開発センター	准教授
金子由香	千葉市立幕張東小学校	教 諭
多田幸城	千葉市教育委員会	指導主事
野村未帆	千葉市立鶴沢小学校	教 諭
宮澤　長	千葉市立誉田小学校	教 諭

（所属は，2024年4月現在）

「特別の教科 道徳」の評価
通知表所見の書き方＆文例集　小学校 中学年

2018年 3 月 1 日　第 1 刷発行
2024年 5 月25日　第12刷発行

編著者／尾高正浩
発行者／河野晋三
発行所／株式会社 日本標準
　　　　〒350-1221　埼玉県日高市下大谷沢91-5
　　　　電話　04-2935-4671
　　　　FAX　050-3737-8750
　　　　URL　https://www.nipponhyojun.co.jp/

表紙・編集協力・デザイン／株式会社 コッフェル
イラスト／うつみちはる
印刷・製本／株式会社 リーブルテック

◆乱丁・落丁の場合はお取り替えいたします。

ISBN 978-4-8208-0635-6